Tiemeyer · Projekte erfolgreich managen

Konzept und Beratung der Reihe Beltz Weiterbildung

Prof. Dr. *Karlheinz A. Geißler*, Schlechinger Weg 13, D-81669 München.
Prof. Dr. *Bernd Weidenmann*, Weidmoosweg 5, D-83626 Valley

Ernst Tiemeyer

Projekte erfolgreich managen

Methoden, Instrumente, Erfahrungen

Beltz Verlag · Weinheim und Basel

Dipl.-Hdl. *Ernst Tiemeyer*, Jg. 1951, bekannt durch zahlreiche Veröffentlichungen, war nach dem Studium der Wirtschaftswissenschaften, Organisation und Wirtschaftsinformatik zunächst mehrere Jahre als Projektleiter an einem renommierten Institut für angewandte Informatik beschäftigt. Heute arbeitet er als Lehrender, Berater und Fachautor.

Lektorat: Uli Ellwanger

www.beltz.de
Herstellung: Klaus Kaltenberg
Satz: Mediapartner Satz und Repro GmbH, Hemsbach
Druck: Druckhaus Beltz, Hemsbach
Umschlaggestaltung: Bernhard Zerwann, Bad Dürkheim
Printed in Germany

ISBN 3-407-36390-7

Inhaltsverzeichnis

Vorwort

Projektarbeit ist weit verbreitet und aus vielen Berufsfeldern nicht mehr wegzudenken. Sei es der Bau eines Firmengebäudes, die Planung und Durchführung einer Veranstaltung, die Erschließung neuer Geschäftsfelder, die Entwicklung von Software oder die Ausarbeitung und Erprobung eines Bildungskonzepts – all diese Aktivitäten werden in der Regel in Form von Projekten realisiert. Auch aus dem privaten Bereich gibt es zahlreiche Beispiele: Der Aufbau einer Website, der Bau eines Eigenheims und die Organisation eines Festes haben Projektcharakter.

Größere Projekte sind ohne ein effizientes Projektmanagement undenkbar. Nur so können die einzelnen Aktivitäten überblickt und geplant werden. Problemsituationen lassen sich rechtzeitig erkennen, und sinnvolle Steuerungsmaßnahmen können ergriffen werden. Ein sichtbares und wirkungsvolles Projektmanagement erleichtert es allen Beteiligten, sich zielorientiert in Entwicklungs- und Veränderungsprozesse einzubringen.

Projektmanagement ist mittlerweile zu einem der wichtigsten Erfolgsfaktoren für Unternehmen und selbstständig Arbeitende geworden. Die steigende Zahl der durchgeführten Projekte führt zu einem zunehmenden Bedarf an qualifizierten Projektleitern und Mitarbeitern.

Dieses Buch enthält zahlreiche Hinweise, Tipps und Orientierungshilfen für ein erfolgreiches Projektmanagement. Es ist in neun Kapitel gegliedert:

In den ersten drei Kapiteln erhalten Sie Informationen zu den Rahmenbedingungen, die Sie kennen sollten, bevor ein Projekt beginnt. Dabei erfahren Sie, wie ein Projekt initiiert wird, wie aus einem Projektantrag ein Projektauftrag entsteht und welche Erfolgsfaktoren von zentraler Bedeutung für ein modernes Projektmanagement sind.

Eine gelungene Startphase beeinflusst entscheidend den Projekterfolg. Im vierten Kapitel wird Ihnen gezeigt, wie optimale Startbedingungen geschaffen werden.

Die verschiedenen Planungsaufgaben lernen Sie im fünften Kapitel kennen. Dazu zählen die Erstellung eines Projektstrukturplans, die Nutzung von

Balkendiagrammen und Netzplänen, die Ressourcenbedarfsplanung, die Kostenplanung, die Qualitätsplanung und die Risikoplanung.

Da Projektarbeit Teamarbeit ist, ist eine erfolgreiche Kooperation aller Beteiligten von enormer Bedeutung für den Projekterfolg. Wie Sie die Zusammenarbeit sichern können, erfahren Sie im sechsten Kapitel des Buches, das Fragen der Teamentwicklung, die Organisation und Abwicklung von Teamsitzungen, die Kooperation mit Beratern, Führungsfragen und Konfliktmanagement behandelt.

Um ein Projekt während der Durchführung auf Erfolgskurs zu halten, ist eine laufende Steuerung und Kontrolle erforderlich. Welche Maßnahmen sich dabei bewährt haben (Claim Management, Projektmarketing, Change Management), wird im siebten Kapitel ausführlich erörtert.

Die gezielte Anwendung von Problemlösungstechniken ist ebenfalls entscheidend für eine erfolgreiche Projektarbeit. Dasselbe gilt für die Nutzung von Software und die Organisation von Projektabstimmungs- und Kooperationsprozessen im Web. Wichtige Instrumente und Methoden werden in Kapitel acht vorgestellt.

Das letzte Kapitel des Buches zeigt Ihnen, wie ein erfolgreicher Projektabschluss gestaltet werden kann. Dazu gehört nicht nur die Projektabnahme durch die Auftraggeber, sondern auch die Bewertung der Projektarbeit durch die Projektbeteiligten, eine Abschlusspräsentation und die Auflösung des Projektteams.

Dieses Buch soll allen an Projektarbeit Beteiligten die Kenntnis der erforderlichen Methoden und Techniken vermitteln. Nach der Lektüre besitzen Sie das fachliche Wissen und die administrative Kompetenz, Projekte erfolgreich zu starten, zu leiten und zu steuern. Durch eine Orientierung der Hauptkapitel an den einzelnen Etappen des Projektmanagementprozesses (beginnend mit der Projektinitiative bis hin zu einem erfolgreichen Projektabschluss) wird eine leichte Umsetzung in die Praxis ermöglicht.

Bei allen Personen und Organisationen, die mich bei der Erstellung dieses Buches unterstützt haben, bedanke ich mich recht herzlich. Über Anregungen zur Verbesserung und Weiterentwicklung aus dem Kreis der Leserinnen und Leser würde ich mich freuen.

Hamminkeln, im Mai 2002 *Ernst Tiemeyer*

Kapitel 1
Projekte initiieren

Projektmerkmale und Projektideen

Projektbeispiele

Warum ist die Bedeutung von Projektarbeit in jüngster Zeit so stark gestiegen? Ein wesentlicher Grund für diese Entwicklung liegt in der hohen Komplexität vieler Aufgaben, die nur in Zusammenarbeit verschiedener Experten gelöst werden können. **Anwendungsbereiche für Projekte** sind zum Beispiel Vertriebsplanung und Marketing (Einführung neuer Produkte, Werbekampagnen), Produkt- und Produktionsplanung (Entwicklung neuer Produkte, Standortplanung), Forschung und Entwicklung sowie Organisation und Datenverarbeitung (Entwicklung, Auswahl und Einführung von Software). Die folgende Darstellung zeigt einige Beispiele aus der Praxis.

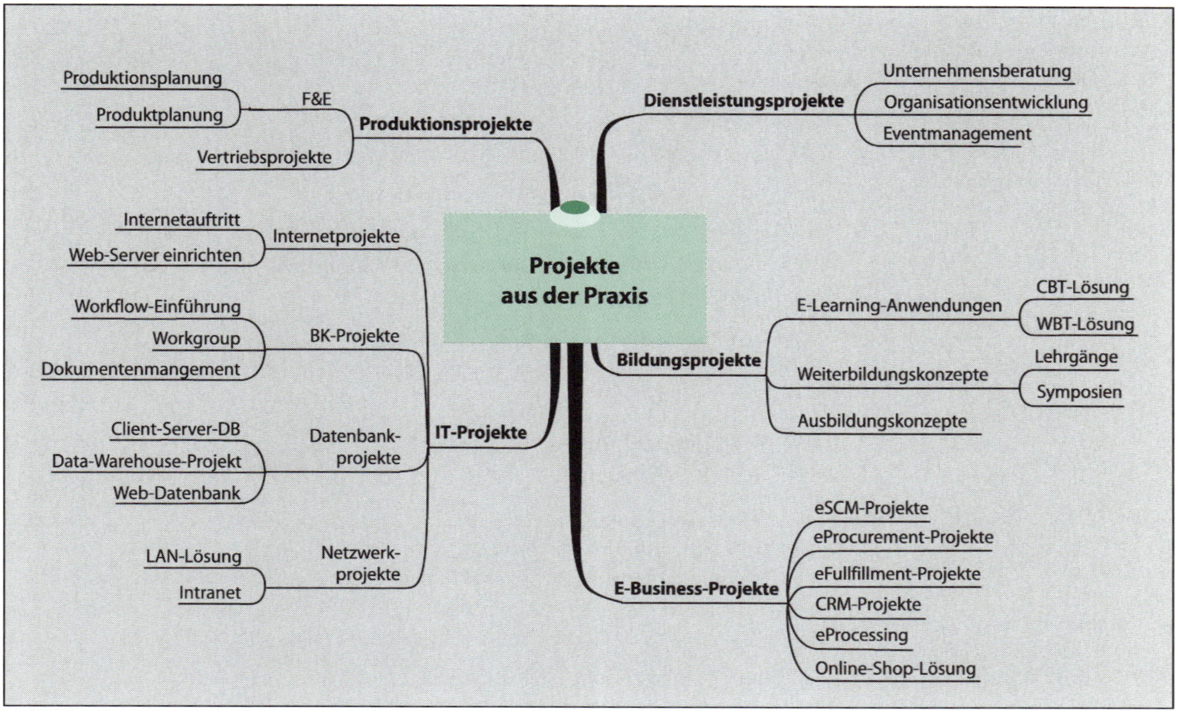

Die meisten Ausführungen in diesem Buch sind von grundlegender Bedeutung für Projekte aller Art. Für ein besseres Verständnis verwende ich in den einzelnen Kapiteln Beispiele aus zwei konkreten Projekten:

- Das Projekt »Internetauftritt«: Eine bereits vorhandene Lösung soll optimiert und weiterentwickelt werden.
- Das Projekt »E-Learning«: In diesem Weiterbildungsprojekt geht es darum, eine multimediale Lösung für das Lernen in Netzen zu entwickeln und umzusetzen.

Bei einem Projekt handelt es sich um ein sachlich und zeitlich begrenztes Vorhaben, das auf Grund des Umfangs und der Komplexität der Aufgabenstellung durch Zusammenarbeit mehrerer Personen gelöst werden muss. Hinzu kommen Merkmale wie Zielorientierung und Neuartigkeit der Aufgabe.

Ausgangssituationen

»Man kann nicht in die Zukunft schauen, aber man kann den Grund für etwas Zukünftiges legen – denn Zukunft kann man bauen.«

A. de Saint-Exupéry

Wie beginnen Projekte in der Praxis? Es gibt einige typische Ausgangssituationen:

- Eine **systematische Strategie** (Langfristplanung) macht die Durchführung eines Projekts erforderlich.
- **Konkrete Probleme und neue Technologieangebote** als Projektauslöser: In Unternehmen kann der Wunsch von Geschäftsführung und Fachabteilung nach schneller oder sicherer Abwicklung von Geschäftsprozessen die Durchführung von Projekten nahe legen. In der Verwaltung können Initiativen zur Kostensenkung zu Projektinitiativen führen.
- **Umsysteme** erfordern die Durchführung von Projekten. Auf Änderungen im rechtlichen Rahmen oder Aktivitäten der Konkurrenz muss oftmals in kurzer Zeit reagiert werden. Auch in diesen Fällen empfiehlt sich die Durchführung von Projekten.

Projektvorbereitung

Beachten Sie: Die Projektinitiierung zählt zu den schwierigsten Projektabschnitten. Häufig erfolgt ein voreiliger Projektstart, ohne dass die Rahmenbedingungen geklärt und die notwendigen Voraussetzungen geschaffen worden sind. Probleme sind zudem vorprogrammiert, wenn ein Projekt gegen den erklärten Willen der Fachbereiche beziehungsweise der Betroffenen gestartet wird.

Was kennzeichnet ein Projekt?

Um in Projekten konstruktiv mitarbeiten oder Projekte selbst erfolgreich leiten zu können, sollten Ihnen die **Merkmale eines Projekts** vertraut sein:

Projektmerkmale

- Ein Projekt besitzt einen **definierten Umfang**. Es muss eine lösbare Aufgabenstellung vorliegen, wobei zwischen Anfangs- und Endzeitpunkt ein relativ großer Abstand besteht. Dies können mehrere Monate, aber auch mehrere Jahre sein. Die Projektplanenden sollten bereits vor Projektstart eine klare Vorstellung vom Endtermin haben. Das Projektende wird mit der Einführung der entwickelten Lösung erreicht.
- Unabhängig vom zu erreichenden Gesamtergebnis existiert eine Reihe von **Projektzielen** (z.B. Qualitäts-, Umsatz-, Termin- oder Kostenziele).
- Bei einem Projekt handelt es sich um eine Aufgabe von relativer **Neuartigkeit**. Damit verbunden ist natürlich ein gewisses Risiko hinsichtlich der Zielerreichung. Bei einem Fehlschlag können sich mitunter erhebliche materielle oder immaterielle Schäden für die Auftraggeber ergeben.
- Für die im Zusammenhang mit der Projektbearbeitung anfallenden Kosten und Investitionen wird ein **Projektbudget** aufgestellt. Dieser Kostenrahmen sollte möglichst nicht überschritten werden.
- Aufgabenstellungen im Projekt können im Regelfall nur **fach- und bereichsübergreifend** gelöst werden. Die Projektdurchführung erfordert deshalb eine besondere, über die Sichtweise eines speziellen Tätigkeitsbereichs hinausgreifende Koordination. Projektarbeit ist typischerweise **Teamarbeit** mit all ihren Vor- und Nachteilen.

Kriterien zur Einordnung von Projekten

Projekte können von äußerst unterschiedlicher Art sein. Sie variieren im Wesentlichen in Bezug auf folgende, zentrale Dimensionen:

- Aufgabenstellung,
- Budget,
- Dauer,
- Innovationsgrad,
- Komplexität,
- Auftraggeber-Auftragnehmer-Verhältnis.

Eine besondere Rolle spielt natürlich der Grad der Einzigartigkeit der Aufgabenstellung. Vorhandenes Wissen muss meist neu organisiert und zusammengeführt werden.

Strategische Dimensionen eines Projekts

Verschaffen Sie sich einen Überblick über die strategische Dimension des Projekts. Meist genügt die grobe Abschätzung einiger Kriterien, um von den Problemen, die ein Projekt immer in sich birgt, nicht überrascht zu werden. Berücksichtigen Sie unbedingt

- die Neuartigkeit der Aufgabenstellung,
- die Komplexität,
- den operativen Schwierigkeitsgrad,
- die Bedeutung für die Stakeholder,
- die Höhe des Risikos und des Erfolgsdrucks sowie
- das Konfliktpotenzial.

Warum Organisation im Projekt?

Beachten Sie: Aufgrund des Umfangs und der Besonderheit der Aufgabenstellung können Projekte nur interdisziplinär im Team gelöst werden. Die Aufgabe kann von einer Linienstelle nicht übernommen werden, ohne dass das normale Tagesgeschäft darunter leiden würde. Dies macht die besondere Organisationsform eines Projektes erforderlich. Projekte können einen Umfang erreichen, der sie unbeherrschbar werden lässt. Deshalb sollte bereits vor Beginn der Projekttätigkeit das Gesamtprojekt in handhabbare und möglichst selbstständig realisierbare Teile zerlegt werden.

Was sollte eine Projektskizze beinhalten?

Projektdefinition erstellen

Aus den Projektideen wird zunächst eine grobe Projektskizze (= Projektdefinition) erarbeitet. Hier geht es darum, wesentliche Punkte abzuklären und zu fixieren, um eine Grundsatzentscheidung beziehungsweise die Erarbeitung eines detaillierten Projektantrags vorzubereiten. Wesentliche **Punkte, die eine Projektdefinition umfassen sollte**, möchte ich am Beispiel des Projekts »Internetauftritt« vorstellen:

- **Ausgangssituation (Herausforderungen):** Der Internetauftritt einer Hotelgruppe soll übersichtlicher und attraktiver gestaltet werden und eine bessere Nutzung von Informationen und Kommunikation bieten.
- **Kurzform der Aufgabenstellung (Grob-Zielsetzung):** Analyse und Neukonzeption des Internetauftritts für die Bereiche Übernachtungsangebot, Veranstaltungsmanagement und Wellness sowie Präsentation des Umfeldes vor Ort (Links zu aktuellen Veranstaltungen).
- **Zu erarbeitende Ergebnisse:** Präsentation der Übernachtungs- und Seminarraumangebote (Räume, Preise), Ankündigung von Veranstaltungen, Sonderangebote, sonstige Serviceleistungen.
- **Besondere Rahmenbedingungen:** Auftraggeber ist die Unternehmenszentrale, die dem Projekt eine hohe Bedeutung im Hinblick auf die Wettbewerbsfähigkeit beimisst. Der bisherige Internetauftritt soll als Basis dienen, viele Bereiche müssen nicht grundsätzlich neu erstellt werden. Im Anschluss sind weitere Projekte zur stärkeren Internetanbindung einer Datenbank geplant, die auch zur Online-Anmeldung genutzt werden soll.

Warum scheitern Projekte?

Projekte können scheitern

Nachdem eine Projektinitiative zur Formulierung einer Projektdefinition geführt hat, gilt es, eine erfolgreiche Projektabwicklung vorzubereiten. Vielleicht kennen Sie auch ein Projekt, das nach folgendem Muster abgelaufen ist:

- Begeisterung,
- Ernüchterung,
- Panik,
- Suche nach den Schuldigen,
- Bestrafung der Unschuldigen,
- Auszeichnung der Nichtbeteiligten.

Die Zahl der Projekte, die beendet werden, ohne dass der festgesetzte Endtermin oder der Kostenrahmen überschritten wird, ist leider immer noch recht gering. Projekte sind mit Risiken und Problemen verbunden. Projektleiter, Mitarbeiter und auch die Auftraggeber sollten in jedem Fall die typischen Risiken kennen, um das Scheitern eines Projekts zu vermeiden. Risiken erwachsen aus unterschiedlichen Bereichen der Projektarbeit. Hierzu zählen vor allem

Gründe für das Scheitern von Projekten

- die Projektdefinition (Zielsetzung, Abgrenzung),
- Techniken und Methoden,
- die Beteiligten sowie
- Planung, Durchführung und Steuerung.

Ohne Zweifel kann festgestellt werden: Nehmen Projekte einen gewissen Umfang an, dann empfiehlt sich eine differenzierte und gründliche Planung, eventuell auch eine Vorstudie, sowie die fortlaufende Überwachung und Steuerung des Projekts. Ein ungeplantes Vorgehen birgt erhebliche Gefahren und Nachteile, die vielen Projektleitern und Mitarbeitern nur allzu gut bekannt sind: Zeitverzögerungen, ein unnötiges Anwachsen der Kosten, durch fehlende Ressourcen verursachter Leerlauf sowie letztlich eine unzureichende Qualität der Ergebnisse.

Konsequenzen für eine erfolgreiche Projektarbeit

Notwendigkeit von Projektmanagement

Erfolgreiche Projekte sind ohne ein effizientes Projektmanagement undenkbar. Nur so werden die im Rahmen der Projektabwicklung anfallenden Teilaufgaben überschaubar, und Problemsituationen lassen sich rechtzeitig erkennen. Außerdem fördert ein wirkungsvolles Projektmanagement die Zielorientierung der Beteiligten. Eine besondere Bedeutung erhält das Projektmanagement, wenn

- die zu lösende Aufgabe eine hohe Komplexität besitzt,
- die Lösung der Aufgabe zahlreiche unterschiedliche Fähigkeiten der Bearbeiter erfordert,
- die Aufgabe einen gewissen Einmaligkeitscharakter besitzt,
- die Aufgabenbewältigung mit Risiken behaftet ist und
- der Zeitrahmen und die Ressourcen begrenzt sind.

Als Faustregel gilt: Wenn mehr als drei dieser Kriterien zutreffen, sollte die Aufgabe im Rahmen eines Projekts angegangen werden und erfordert ein durchdachtes Projektmanagement.

Ein Blick auf typische Fehlschläge macht deutlich, dass ein effizientes Projektmanagement und eine leistungsfähige Projektorganisation unverzichtbar sind. Da es keine identischen Projekte gibt, müssen Methoden und Arbeitsweisen dieser Individualität Rechnung tragen.

Projektarbeit vollzieht sich sinnvollerweise in Stufen. Es hat sich bewährt, folgende Schritte in der Abwicklung eines Projektes zu unterscheiden:

Stufen der Projektarbeit

1. **Projektvorbereitung und Vereinbarung des Projektauftrags**: Mit einer klaren Projektdefinition wird die erste Voraussetzung für die Formulierung eines Projektantrages geschaffen, aus dem dann ein konkreter Projektauftrag abgeleitet werden kann. Festgelegt werden dabei die Projektziele und der Handlungsrahmen der Projektarbeit. Ergänzend sollte eine Analyse des Projektumfeldes und der Wirtschaftlichkeitsauswirkungen erfolgen.
2. **Projektplanung**: Ausgehend vom Projektauftrag kann eine konkrete Planung von Zeiten, Ressourcen, Qualitäten und Kosten in Angriff genommen werden.
3. **Projektrealisierung** (Steuerung und Kontrolle): Im Laufe der Umsetzung treten Abläufe und Ereignisse nicht immer so ein, wie sie ursprünglich geplant wurden. Es kommt immer wieder zu Abweichungen zwischen dem realen Projektablauf (Ist) und der Planung (Soll). Nach der Freigabe und dem Start des Projektes ist eine laufende Überwachung der Aktivitäten der Projektarbeit nützlich. So kann sichergestellt werden, dass die festgelegten Ziele weitestgehend erreicht werden.
4. **Projektabschluss**: Abschließende Aktivitäten sind die Projektabrechnung, Nachkalkulation und Dokumentation. Akzeptanzüberlegungen zum Projektergebnis sollten ebenfalls im Mittelpunkt stehen.

Erfahrungen

Erfahrungen aus der Praxis zeigen: Werden die Methoden und Konzepte des Projektmanagements professionell genutzt, so lassen sich Projekte meist rascher und mit geringerem Ressourceneinsatz zum Erfolg führen als Vorhaben, in denen auf ein systematisches Projektmanagement verzichtet wird.

Kapitel 2
Projektantrag formulieren, Projektauftrag vergeben

Elemente und Antragsverfahren in der Praxis

Wozu Projektskizzen?

Mit einer groben Projektskizze wird die Initiative zur Durchführung eines Projektes fixiert. Daraus kann ein Projektantrag erarbeitet werden, über den schließlich die Auftraggeber oder ein entsprechendes Gremium (Entscheidungsausschuss) befindet. Wird das Projekt genehmigt, mündet der Antrag in einen Projektauftrag.

Ablauf eines Projektantragsverfahrens

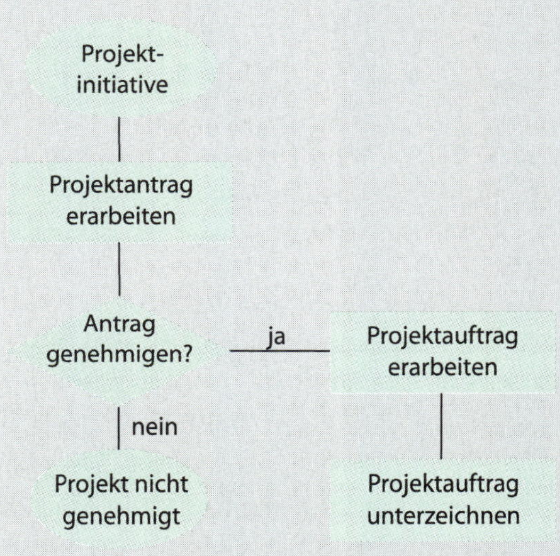

Was ein ausgewogener Projektantrag enthalten sollte

Projektinitiative und Vorstudie

Eine Projektinitiative geht meist von einer bestimmten Stelle oder einer Abteilung in einem Unternehmen aus und muss vor Auftragserteilung zu einem Projektantrag ausgearbeitet werden. Mitunter ist auf Grund des Informationsstandes oder der Komplexität des anstehenden Projekts eine Voruntersuchung (Durchführbarkeitsstudie) ratsam. Die folgende Tabelle zeigt, wie ein Projektantrag inhaltlich gegliedert werden kann.

Aufbau eines Projektantrages

Inhaltsgliederung für einen Projektantrag

Hauptbereiche	Spezifikationen
Ausgangslage und Zielsetzungen	• kurze Projektbeschreibung • strategische Relevanz • Projektziele • Beziehungen zu anderen Projekten
Ist-Zustand	• Problemlage, Bedarf • kritische Erfolgsfaktoren • Beschreibung der Aufgaben/Funktionen des Produktes • Beschreibung des Datengerüstes/ Mengengerüstes
Gewünschte Ergebnisse und Anwendungserfordernisse (Soll-Konzept)	• Ergebnisse des Projektes • funktionale Anforderungen • prozessuale Anforderungen • informationelle Anforderungen
Lösungsalternativen	Beschreibung der Lösungsvarianten aus funktionaler und prozessualer Perspektive
Wirtschaftlichkeitsbeurteilung	• Kostenschätzung der Lösungsvarianten • Kosten-Nutzen-Analyse
Projektplanung	• Aufwand und Zeitrahmen • Finanzierungsplan • Personalbedarfsplan • Durchführungsplan (Ablauf in Phasen)
Umsetzung und Organisation	• Interne Beteiligte, Einbindung in Unternehmensorganisation • geplante Fremdvergaben • Qualitätsmanagement • Änderungsmanagement • Risikomanagement • Projektberichtswesen

Ausgangslage und Zielsetzungen

Ausgangslage für Projekte

Der Projektantrag setzt bei einer Beschreibung der **Ausgangslage** an. So wird ersichtlich, warum das Projekt durchgeführt werden soll. Die Entscheidungsträger wünschen oft eine Einschätzung der Bedeutung des Projekts in Bezug auf die strategischen Zielsetzungen der Organisation (**strategische Relevanz**). Neben einer quantitativen Beurteilung (hoch, mittel, niedrig) sollte eine qualitative Begründung für die jeweilige Festlegung gegeben werden.

Die Formulierung der Projektziele erfordert ein systematisches Vorgehen. Es ist hilfreich, mit Zielhierarchien zu arbeiten: Ausgehend von einem Hauptziel werden verschiedene Teilziele abgeleitet. Typische Teilziele in Projekten, von denen ausgehend die weitere **Zielhierarchie** entwickelt werden kann, sind

Projektziele

- **Leistungsziele:** Hierzu zählen alle Ziele, die die Effizienz der Aufgabenerfüllung erhöhen und aus Sicht der Kunden eine Verbesserung darstellen (verbesserte Qualität, beschleunigte Durchlaufzeiten). Diese Ziele betreffen außerdem die Erhöhung der Flexibilität sowie eine Verbesserung von Integrationsformen innerhalb der Organisation;
- **ökonomische Ziele:** Hier geht es vor allem um Umsatzsteigerungen und um Kosteneinsparungen, die durch das Projekt erreicht werden können;
- **humane und soziale Ziele:** Humanziele stehen in direktem Zusammenhang mit den Mitarbeitern (motivationsfördernde Arbeitsinhalte, flexible Arbeitszeiten, Freiraum für Selbstorganisation etc.), während soziale Ziele auf die Verbesserung der Kooperation innerhalb einer Organisation sowie mit den Geschäftspartnern (Kunden) ausgerichtet sind;
- **ökologische Ziele:** Die Anschaffung ökologisch vertretbarer Sachmittel sowie die Anwendung umweltschonender Verfahren sind mögliche Ausprägungen dieser Zielkategorie.

Sämtliche Projektziele sollten möglichst eindeutig benannt werden. Achten Sie unbedingt auf die Umsetzbarkeit und Möglichkeiten der Erfolgskontrolle (Messbarkeit). Diffuse Ziele, deren Erreichung letztlich nicht festgestellt werden kann, sind keine Anstrengungen wert!

Eine Konkretisierung der Projektziele für das Projekt »Internet-Auftritt« könnte folgendermaßen aussehen:

Beispiele für Projektteilziele

Projektziele formuliern	
Ausgangslage/Teilziele	**Zielformulierungen**
Projektbeschreibung und strategische Relevanz	Es soll ein optimierter Internetauftritt für eine Hotelgruppe erstellt werden. Das Projekt hat hohe Relevanz für die Wettbewerbsfähigkeit des Unternehmens
Leistungsziele	• verbesserte Präsentation des Unternehmens • gezielte Sammlung und Auswertung von Kundenprofilen (Kundenwünsche, Kundenverhalten) • Erschließung neuer Märkte und Kundengruppen • stärkere Kundenbindung durch Umsetzung von Anregungen
Ökonomische Ziele	• Verminderung der Vertriebs- und Werbekosten • Senkung der Kommunikationskosten • Umsatzsteigerung durch höhere Kapazitätsauslastung
Humane und soziale Ziele	• höhere Flexibilität für die Kunden • bessere Zusammenarbeit der einzelnen Hotels der Hotelgruppe
Ökologische Ziele	Reduzierung der papiergebundenen Informationen um 50 Prozent durch Verringerung der Prospektflut

Ist-Zustand beschreiben

Eine Beschreibung des Ist-Zustandes ist eine gute Basis für die Entwicklung eines Soll-Konzeptes. Bei einem Projekt zur Optimierung eines Webauftritts können folgende Punkte beschrieben werden:

- Schwachstellen der bisherigen Lösung,
- Inhalte der Website,
- Teilaufgaben, die der Anwender bewältigen möchte (Prozessorientierung),
- Mengengerüst: Art/Menge der zu speichernden Daten, voraussichtliches Anwachsen der Informationsmenge, Anzahl der Seitenaufrufe pro Tag,
- Schnittstellen mit anderen Systemen.

Gewünschte Projektergebnisse und Anforderungen an die künftige Lösung

Eine Auflistung der gewünschten Ergebnisse bildet den Ausgangspunkt für die Formulierung der Anforderungen an die künftige Lösung. Bei Projekten, die

die Erarbeitung einer IT-Unterstützung umfassen, hat es sich bewährt, zwischen einem **Fachkonzept** und einem **IT-Konzept** zu unterscheiden. Zum Fachkonzept gehört die Fixierung der folgenden Anforderungen:

Fachkonzept

- zu unterstützende Prozesse (prozessuale Anforderungen),
- gewünschte Funktionen (funktionale Anforderungen),
- Informationsbedarf (informationelle Anforderungen).

IT-Konzept

Im Mittelpunkt des IT-Konzeptes stehen die soft- und hardwarespezifischen Anforderungen. Die **Anforderungen an die Software** sollten in einer detaillierten Liste formuliert werden. Berücksichtigen Sie alle Einzelfunktionen sowie alle notwendigen Arbeitsschritte und -ergebnisse.

Was die **Hardware** betrifft, so ist die vollständige Neueinführung eines Computersystems sicherlich der unkomplizierteste Fall. Meist müssen jedoch bereits vorhandene Hardwarekomponenten integriert werden. Hierdurch können sich Einschränkungen ergeben. Abhängig vom Mengengerüst, den gewünschten Fachgebieten (Reservierung, Controlling, Veranstaltungsmanagement) und der Anzahl der zu unterstützenden Arbeitsplätze können Sie die Anforderungen an die Hardware festlegen.

Beschreibung und Bewertung der Lösungsvarianten

Lösungsvarianten im Projekt

Um die definierten Projektziele zu erreichen, sind verschiedene Lösungswege denkbar. Bei der Beantragung eines Projektes ist es für die Entscheidungsträger hilfreich, eine grobe Darstellung und Analyse der Lösungsalternativen zu erhalten. Unabhängig vom Anlass für die Inangriffnahme eines Projekts muss eine **Priorisierung der Projektaktivitäten** vorgenommen werden.

Im Beispielfall »Internetauftritt« sollen folgende Alternativen zur Diskussion stehen:

- Eigenentwicklung
- Fremdentwicklung Angebot A
- Fremdentwicklung Angebot B

Falls der Projektvorschlag bereits Einschätzungen verschiedener Lösungsmöglichkeiten enthalten soll, können Sie folgendermaßen vorgehen: Beschreiben Sie die zur Wahl stehenden Alternativen und grenzen Sie sie voneinander ab. Benennen Sie die Kriterien, nach denen die Entscheidung getroffen werden

Rangfolgeverfahren

soll. Sammeln Sie sodann die Argumente, die für beziehungsweise gegen die einzelnen Alternativen sprechen. Im nächsten Schritt wird dann entschieden, welche Alternativen überhaupt nicht in Betracht kommen und welche weiterhin zur Wahl stehen. Anschließend wird das **Rangfolgeverfahren** im Projektteam eingesetzt: Jedes Projektmitglied gruppiert die verbleibenden Alternativen nach persönlicher Präferenz. Am besten schneidet die Alternative ab, die in der Gruppe den besten Durchschnittswert erzielt.

Nutzwertanalyse

Ein weiteres Verfahren zur Objektivierung von Auswahlentscheidungen ist die **Nutzwertanalyse**. Die Nutzwertanalyse enthält zwar auch subjektive Elemente und ist deshalb nicht unumstritten, ist aber sehr anschaulich und weitgehend akzeptiert.

In einem ersten Schritt werden Kriterien definiert, die für die Beurteilung der Alternativen bedeutsam sind. Diese Kriterien werden entsprechend ihrer Bedeutung gewichtet (meist soll die Summe der Gewichtungskriterien 100 ergeben). Schließlich wird für die jeweilige Lösungsalternative für jedes Beurteilungskriterium eine Einschätzung der Kriterienerfüllung vorgenommen. Dies kann durch die Verteilung von Punkten von 1 bis 9 erfolgen. Durch Multiplikation der Kriteriengewichte mit den Beurteilungen und der Summierung über alle Kriterien ergibt sich der **Nutzwert**. Die Variante mit dem höchsten Nutzwert ist unter Berücksichtigung der gewählten Kriterien und der vorgenommenen Bewertung die vorteilhafteste. Im Beispielfall kann sich folgendes Ergebnis einstellen:

Beispiel für eine Nutzwertanalyse

Nutzwertanalyse				
Projekt:		Ersteller:		
Konzeptvarianten		Eigenentwicklung	Fremdentwicklung, Angebot A	Fremdentwicklung, Angebot B
Bewertungskriterien	Gewichtung	Beurteilung	Beurteilung	Beurteilung
Flexibilität	35	7	6	9
Integration	30	9	7	7
Akzeptanz	35	8	5	4
...				
Nutzwert		795	595	665
Rangfolge		1	3	2
Entscheidung		**X**		

Wirtschaftlichkeitsbegründung

Wirtschaftlichkeit

Ohne eine Skizzierung der Kosten- und Nutzenaspekte hat eine Projektinitiative kaum Aussicht auf Realisierung. Ausgangspunkt ist eine möglichst präzise Formulierung der Projektziele.

Der Kostenaspekt lässt sich dabei leichter ermitteln. Mitunter können Erfahrungen aus vorherigen Projekten herangezogen werden. Problematischer, weil nicht so leicht quantifizierbar, sind die Nutzenaspekte.

Wirtschaftlichkeitsrechnung			
Projekt:	Ersteller:		
Berechnungsgrundlage			
1. Gesamtausgaben des Projekts			
2. mit dem Projekt verbundene Wiederverkaufserlöse			
3. durch das Projekt abzuschreibende Restbuchwerte			
4. Saldo			3.–2.
5. Berechnungsgrundlage			1.+4.
6. Abschreibungsdauer			Jahre
7. Abschreibungen pro Jahr			5./6.
8. Ertragssteuersatz			%
Voraussichtliche Einsparung/Jahr	**Personalkosten**	**Sachkosten**	**Total**
9. aktuelle Kosten			
10. zukünftige Kosten			
11. durchschnittliche Einsparung (9.–10.)			
Wirtschaftlichkeit			
12. Kalkulation des Ertrages vor Steuern		11.–7.	
13. Kalkulation des Ertrages nach Steuern		12.–(12. x 8.)	
14. durchschnittliche Einsparung pro Jahr nach Steuern		11.–(12. x 8.)	
15. Rückflussdauer (Jahre) vor Steuern		15. = 5.: 11.	
16. Rückflussdauer (Jahre) nach Steuern		16. = 5 : 14	
17. Rentabilität (%) vor Steuern		17. = 12./(0,5 x 5.)	
18. Rentabilität (%) nach Steuern		18. = 13./(0,5 x 5.)	

Nutzenaspekte

- eine verbesserte Kundenorientierung,
- Kostensenkung,
- Innovations-, Qualitäts- und Flexibilitätsförderung sowie
- eine Verbesserung des Umweltschutzes.

Das Bewerten der Nutzenfaktoren eines Informationssystems wie im Beispiel »Internetauftritt« bereitet deshalb Probleme, weil es keine eindeutig definierten Kriterien zur Quantifizierung gibt. Häufig wird unterschieden zwischen monetär messbarem, schwer quantifizierbarem und nicht quantifizierbarem Nutzen. Eine reine Wirtschaftlichkeitsanalyse, die nur von quantifizierbaren Größen ausgeht, könnte nach dem Schema auf Seite 24 erfolgen.

Durchführungsplanung: Ein Projektantrag sollte in jedem Fall bereits einen groben Projektplan enthalten. Die Ergebnisse einer Grobplanung lassen sich leicht darstellen.

Projektzeitplan

Zeitplan für die Entwicklung eines optimierten Internet-Auftritts

Phasen	Teilaktivitäten	Dauer
ab 01.08.	Vorbereitung und Analyse (Systemerhebung und Systembeschreibung)	2 Wochen
ab 15.08.	Soll-Konzept (Entwicklung des Fach- und DV-Konzeptes)	3 Wochen
ab 07.09.	Systemrealisierung (Programmanpassungen)	5 Wochen
ab 14.10.	Stufenweise Implementierung (Anpassung, Test, Schulung)	2 Wochen
ab 01.11.	Freigabe für den Tagesbetrieb (Produktivstart)	ab 01.11.

Vorschläge für die Umsetzung: Hier können verschiedene Aspekte diskutiert werden. In der Regel handelt es sich um die folgenden Punkte:

- **Personalorganisation:** Leitung und Beteiligte müssen bestimmt werden. Bei der Zusammensetzung des Projektteams kommt es darauf an, Fach- und Methodenwissen aus verschiedenen Bereichen zusammenzuführen.
- **geplante Fremdvergaben:** Können alle Aufgaben von den Mitarbeitern selbst bewältigt oder müssen externe Fachkräfte hinzugezogen werden?
- **Qualitätsmanagement:** Welche Maßnahmen zur Qualitätssicherung können und sollten ergriffen werden, um sicherzustellen, dass die angestrebten Ergebnisse erreicht werden?

Aktivitäten zur Projektumsetzung

- **Änderungsmanagement:** Wie kann sichergestellt werden, dass die Betroffenen den Projektzielen und -ergebnissen positiv gegenüberstehen und die Implementierung unterstützen?
- **Risikomanagement:** Welche Risiken bestehen im Zusammenhang mit der Durchführung des Projekts (zum Beispiel Zeit- und Kostenrahmen)? Wo liegen die Risikofaktoren? Wie können sie reduziert werden?
- **Informationsmanagement:** Wie kann ein optimaler Informationsfluss im Projekt erreicht werden? Auf welche Weise soll die Dokumentation der Projektergebnisse erfolgen? Möglicherweise ist es sinnvoll, in den Projektplan einen Dokumentations- und Berichtsplan zu integrieren.

Wie Sie einen Projektantrag erfolgreich präsentieren

Projektantrag präsentieren

Sind die Überlegungen und Erhebungen für den Projektantrag abgeschlossen, kann das Konzept den Entscheidungsträgern und den betroffenen Mitarbeitern präsentiert werden. Eine **Konzeptpräsentation** kann folgendermaßen aufgebaut sein:

- Ziele des Projekts,
- Ergebnisse der Bedarfsanalyse,
- Beschreibung der Lösungsalternativen (Einsatzbeispiele),
- Wirtschaftlichkeitsbeurteilung,
- Entscheidungsvorlage zur Umsetzung des Projektvorschlags (Aufwands- und Zeitschätzung, Finanzierungsplan, Personalbedarf, Durchführungsplan.

Die Ergebnisse einer eventuell vorab durchgeführten Bedarfsanalyse bilden zusammen mit den Zielen den Ausgangspunkt der Konzeptpräsentation. Anschließend empfiehlt es sich, durch konkrete Einsatzbeispiele die Vorteile zu verdeutlichen, die eine Umsetzung und die dauerhafte Nutzung der Projektergebnisse bietet.

Nicht untypisch und zuweilen vom Antragsteller sogar erwünscht ist, dass im Rahmen von Konzeptpräsentationen Änderungswünsche geäußert werden. Die Akzeptanz einer Projektinitiative steigt erfahrungsgemäß, wenn eine schnelle Anpassung an spezifische Anforderungen vorgenommen werden kann.

Ausgehend von der Prüfung des Projektantrages und den Eindrücken der Konzeptpräsentation müssen die Entscheidungen über das weitere Vorgehen gefällt werden. Oft werden Entscheidungen aus Unsicherheit über den Nutzen oder künftige technische Entwicklungen zurückgestellt. Dies ist jedoch gefährlich; denn eine perfekte Lösung wird es nie geben. Deshalb: Lieber heute eine »achtzigprozentige« Lösung als nie eine »hundertprozentige«.

Die Prüfung von Projektanträgen – so erfolgt eine Auswahl

Sowohl in Unternehmen als auch in öffentlichen Organisationen durchlaufen Projektanträgen oft ein formalisiertes Verfahren. Vor der Prüfung durch einen Projektentscheidungsausschuss können aufgrund der Problembeschreibung noch Stellungnahmen von Fachleuten hinsichtlich Organisation, Datenverarbeitung, Datenschutz und -sicherheit sowie die Wirtschaftlichkeit betreffend erforderlich sein. Dies ist in größeren Organisationen in Prozessbeschreibungen genau geregelt. Manchmal geht der Wunsch zur Hinzuziehung von Fachleuten vom Projektauftraggeber aus.

Der Projektbeschluss – und was dann?

Wenn die Entscheidung über die Durchführung eines Projektes gefallen ist muss noch ein entsprechender Projektauftrag formuliert werden. Dabei können die im Projektantrag festgehaltenen Informationen als Basis dienen, Anregungen und Vorgaben aus Gutachten und von Seiten des Entscheidungsgremiums werden eingearbeitet. Ein Beispielformular für einen Projektauftrag ist auf den nächsten beiden Seiten wiedergegeben: Es empfiehlt sich, die Festlegungen, die hier getroffen werden (Zeiten, Kosten), möglichst exakt zu recherchieren und zu besprechen.

Zum Zeitpunkt der Fixierung des Projektauftrages lassen sich natürlich noch nicht alle Details überblicken. So stellt sich mitunter erst im Lauf der Projektarbeit heraus, dass die Projektarbeit sehr stark mit anderen Fragestellungen verwoben ist, die eigentlich zuvor hätten geklärt werden müssen und ohne deren Beantwortung das laufende Projekt nicht voran kommt. Ein Beispiel: Bei dem Relaunch des Webauftritts für die Hotelgruppe wird klar, dass eine Regelung von Online-Reservierungen eine exakte Abstimmung mit der bisher eingesetzten Software zur Reservierung bedarf. Entscheidungen über die Beibehaltung oder Modernisierung des bisherigen Reservierungssystems bestimmen maßgeblich, wie es mit dieser Projektteilaufgabe weitergeht. Dann ist ein professionelles Claim Management im Projekt gefragt (siehe hierzu Kapitel sieben).

Projektauftrag

Projekt-Nr.:	Auftraggeber:
Datum:	Strategische Bedeutung:
Projektbezeichnung:	
Projektbeginn:	Projektende:
Projektkurzbeschreibung:	
Projektziele:	
Projektleiter:	

Zeitplan (Meilensteine)

Phase	Inhalt	Verantwortlich	Beginn/Ende MItarbeitertage Bericht an ...

Projektbudget (Gesamtaufwand)

	Aufwand in Euro	Anteil in Prozent	Mitarbeitertage (Personentage)
Internes Personal:			
Fremdpersonal:			
Sachaufwand:			
Investitionen:			
Gesamt:			

Projektstruktur

a) Projektkernteam

Name, Abteilung	Aufgabe, Verantwortung	Mitarbeitertage	Geplante Einsatzzeit

b) erweitertes Projektteam

Name, Abteilung	Aufgabe, Verantwortung	Mitarbeitertage	Geplante Einsatzzeit

Auflistung der Projektergebnisse, Funktionen des Projekts

Abzuliefernde Dokumente (Berichtswesen)

Bezeichnung	Termin	Empfänger	Verantwortlich

Unterschriften:

Auftraggeber:	Projektleiter:

Kapitel 3
Visionen und ganzheitliches Projektmanagement

Zwei wichtige Erfolgsfaktoren

Erfolgsfaktoren für die Projektarbeit

Erfahrungen aus der Praxis zeigen, dass eine einseitige Ausrichtung der Projektarbeit, etwa auf die Ziele eines bestimmten Fachbereichs oder auf Controllingaspekte, oft ein wesentlicher Grund für Misserfolge ist. Deshalb sollten folgende zwei Faktoren beachtet werden:

- Wichtig für eine erfolgreiche Abwicklung von Projekten ist die Integration dieser Projekte in die strategische Ausrichtung der Gesamtorganisation (Makroebene). Die Erarbeitung eines Vision-Map (Visioning) und die Durchführung einer Projektumfeldanalyse (vor allem einer Stakeholderanalyse) sind wichtige Aktivitäten.
- Eine einseitige Ausrichtung des Projektmanagements auf methodische, budgetäre oder personelle Fragen birgt Gefahren. Projektmanagement sollte ganzheitlich betrachtet werden und alle wesentlichen Ebenen gleichgewichtig einbeziehen. Wichtig ist außerdem ein situativer Ansatz.

Projektvisionen entwickeln – so erhält das Projekt eine Orientierung

»Die Vision ist ein konkretes Zukunftsbild, nahe genug, dass wir die Realisierbarkeit noch sehen können, aber schon fern genug, um die Begeisterung der Organisation für eine neue Wirklichkeit zu erwecken.«

Boston Consulting Group

Braucht ein Projekt Visionen? Diese Frage lässt sich ohne Zweifel bejahen. Sowohl Sie persönlich als auch das Projektteam sollten über eine Vision verfügen. Erst Visionen erlauben es, Pläne zu schmieden, Lösungswege aufzuzeigen und Vorgehensweisen auszuwählen. Tun Sie es nicht als Spinnerei ab, wenn jemand Visionen entwickelt. Visionen helfen, aus Möglichkeiten Wirklichkeit werden zu lassen.

Ein praktisches **Beispiel**: Als Anfang der 80er-Jahre Bill Gates seine Vision von einem weltumfassenden Softwareunternehmen propagierte, wurde er nicht ernst genommen. Die Welt der Informations- und Kommunikationstechnologie wurde von Hardwaregiganten wie IBM und Digital Equipment beherrscht. Heute zählt Microsoft zu den Unternehmen mit den weltweit höchsten Börsenwerten – die beispiellose Realisierung einer epochalen Vision.

Wirkung von Projektvisionen

So wirken Visionen in einem Projekt

- Eine Vision vermittelt allen Beteiligten eine Vorstellung davon, »wo die Reise hin geht«. Sie bekommen das Gefühl, an einer wertvollen Sache mitzuwirken.
- Eine Vision erzeugt eine positive Grundstimmung. Wenn die strategische Stoßrichtung des Projektes deutlich wird, empfinden es die Mitarbeiter als lohnend, sich zu engagieren.
- Es entsteht ein »Wir-Gefühl« im Projektteam. Die Vision wird zur Grundlage eines gleich gerichteten Verhaltens aller im Sinne des Gesamtprojektes.

Eine Vision eröffnet neue Perspektiven und erweitert den Blick. Visionen sind das Fundament und die Basis einer modernen Projektkultur. Visionen im Projekt zu setzen ist eine echte, nicht delegierbare Führungsaufgabe. Die Projektleitung und die Auftraggeber müssen die Fähigkeit besitzen, angemessene Projektvisionen zu entwickeln und andere dafür zu begeistern.

Es ist unstrittig, dass Projekte eine Vision brauchen. Versuchen Sie allen Personen, mit denen Sie ins Gespräch kommen, zu verdeutlichen, dass es beim visionären Management um anschauliche, bildhafte Vorstellungen von der Zukunft geht, die begreifbar und populär gemacht werden müssen. Visionen können den Aufschwung und Aufbruch aus verkrusteten Strukturen bedeuten, die Basis für Kreativität und Innovation sein und Begeisterung und Optimismus bei allen Projektmitarbeitern und den Beschäftigten der Nutzerorganisation freisetzen.

Beispielprojekt »E-Learning«

Visioning-Beispiel für ein E-Learning-Projekt

Multimediales, webgestütztes Lehren und Lernen verspricht neue Möglichkeiten. Das hat zur Folge, dass Geschäftsmodelle für das Personalmanagement und für Bildungsinstitutionen neu definiert und entsprechende Projekte gestartet werden müssen. Wichtig für die Abwicklung ist die Integration der Projekte in die strategische Ausrichtung der Gesamtorganisation (Makroebene). So ist in Unternehmen beispielsweise eine Abstimmung mit Personalentwicklungsstrategien und Wissensmanagementkonzepten sinnvoll, um zu einem Gesamtkonzept für E-Learning-gestützte Lösungen zu kommen. Ergebnis der Überlegungen sind beispielsweise Lehrgangs- und Themenschwerpunkte für einen definierten Zeitraum, aus denen sich dann die verschiedenen Projektdefinitionen für E-Learning-Lösungen ergeben.

Die folgende Abbildung zeigt, welche Rahmenentscheidungen in der Phase des Visioning getroffen werden:

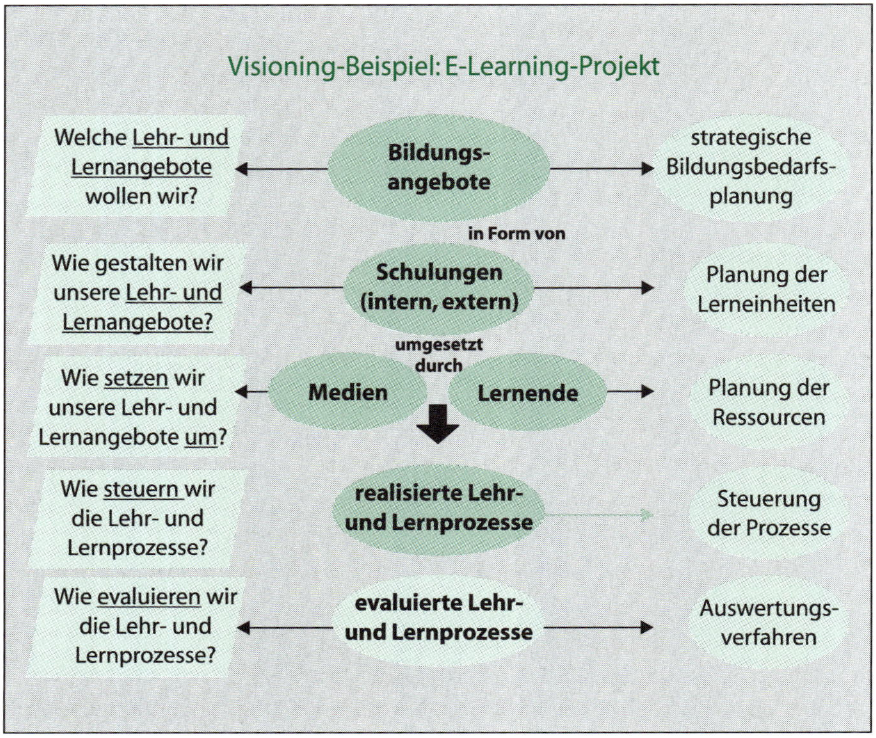

Warum eine Projektumfeldanalyse hilfreich ist – Stakeholdermanagement

Ziele einer Projektumfeldanalyse

Da Projekt- und Problemlösungsprozesse wesentlich von den sich verändernden externen Bedingungen sowie den Einstellungen und Verhaltensweisen der möglichen Interessenten (Stakeholder) bestimmt werden, ist die Durchführung einer **Projektumfeldanalyse** eine weitere wichtige Aufgabe zu Projektbeginn. Wesentliches Ziel der Umfeldanalyse ist es, Interessen und Bedarf aller Umfeldgruppen zu erfassen, um sie bei der Projektrealisierung weitgehend berücksichtigen zu können. Dies beinhaltet auch Strategien für ein umfassendes Projektmarketing. Eine Projektumfeldanalyse

- kann frühzeitig und ganzheitlich auf das geplante Projekt wirkende Einflussfaktoren ermitteln,
- hilft, bereits in der Planungsphase Potenziale und Probleme zu erkennen und daraus Konsequenzen zu ziehen,

- lässt Beziehungen zu anderen Aufgaben und Projekten im Unternehmen erkennen und
- ermöglicht schließlich eine Optimierung der Umfeldbeziehungen im Rahmen des Projektmarketings.

Wesentliche Schritte einer Umfeldanalyse sind

Schritte einer Umfeldanalyse

- das Erfassen aller Einflussgrößen,
- ihre Gliederung in organisatorisch-soziale Umfeldgruppen (Stakeholderanalyse) und sachlich-inhaltliche Faktoren,
- die Bewertung des Umfeldes sowie eine detaillierte Analyse einzelner Einflussgrößen und
- die Entwicklung von Maßnahmen und Strategien.

Wer sind die Stakeholder?

Als Stakeholder werden die Anspruchsgruppen und -personen bezeichnet, die unmittelbaren Einfluss auf den Projektfortschritt haben und/oder von den Projektzielen direkt oder indirekt betroffen sind.

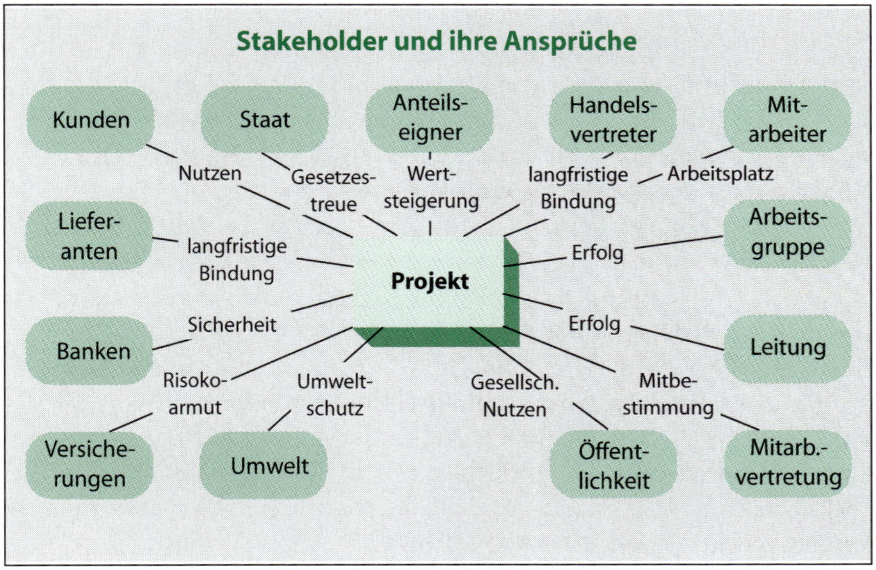

Zentrale Ansprüche von Stakeholdern

Aus der Identifizierung der Stakeholder und ihren zentralen Ansprüchen können die speziellen Ansprüche für das in Angriff zu nehmende Projekt abgeleitet werden. Die entscheidende Frage ist natürlich, inwieweit die Stakeholder das Projekt unterstützen oder aber dagegen opponieren.

Zur Einschätzung der Stakeholder bietet sich die Anwendung folgender Kategorien an:

Stakeholder kategorisieren

- **Förderer** (Sponsoren, Promoters) leisten inhaltliche Unterstützung, sorgen für eine breite Abstützung in der Organisation und stellen punktuell Ressourcen für das Projekt bereit. Sie gehören in der Regel der Unternehmensleitung an, können aber auch vom Auftraggeber oder der Abteilungsleitung kommen.
- **Motoren der Veränderung** (Supporters, Change Agents) sind Personen, die die Projektarbeit aktiv gestalten und fördern und so Widerstände überwinden helfen. Meist sind es die in das Projektteam eingebundenen Personen.
- **Gegner** (Opponents, Change Barriers) leisten offenen oder heimlichen Widerstand gegen das Projekt und wirken so dem Erreichen der Projektziele entgegen. Ihr Ziel ist der Projektabbruch, die Umbesetzung von Schlüsselfunktionen oder die Aneignung des Projekts.
- **Unentschlossene** (Hoppers, Change Advocates) haben noch keine eindeutige Meinung und Position gegenüber dem Projekt. Sie haben keinen direkten Einfluss. Es ist aber eine Meinungsbildung möglich (und erstrebenswert!), die sie zu Förderern werden lässt.

Einfluss der Stakeholder bewerten

Bei der Durchführung der **Stakeholderanalyse** hat es sich bewährt, von einer groben Unterscheidung verschiedener Gruppen zur Analyse einzelner Personen und ihrer Bedeutung überzugehen. Umreißen Sie die Aufgaben und Ziele der jeweiligen Gruppen und Personen in Orientierung an dem obigen Schema.

Der spezifische Einfluss kann im Rahmen eines Rankings eingeschätzt werden. Ziel einer solchen Bewertung ist es, die wesentlichen von den weniger bedeutenden Einflussgruppen zu unterscheiden, um in der Folge das Hauptaugenmerk auf die Stakeholder mit hohem Einfluss richten zu können.

Der **Einfluss der Stakeholder** kann sowohl im Hinblick auf seine **Art** als auch auf seine **Bedeutung für das Projekt** klassifiziert werden. In Bezug auf die Einflussart kann unterschieden werden, ob Stakeholder Einfluss auf Projektziele, Ressourcen oder Rahmenbedingungen haben. Sind bestimmte Stakeholder im Stande, im Extremfall das Projekt zum Scheitern zu bringen, so kommt ihnen eine hohe Bedeutung zu. Für die Stakeholderanalyse benötigen Sie folgende Informationen:

Informationen für die Stakeholderanalyse

- Wer sind die Stakeholder? (Name, Funktion, Bedeutung)
- Inwiefern sind sie jeweils vom Projekt betroffen beziehungsweise in das Projekt eingebunden?

- Welches sind ihre Interessen in Bezug auf das Projekt?
- Wie hoch ist das jeweilige Konfliktpotenzial?
- Welche Maßnahmen können zur Optimierung der Beziehung ergriffen werden?

In Form einer Tabelle lassen sich diese Daten übersichtlich anordnen.

Tipps zur Umfeldanalyse im Projekt

Abschließend noch einige praktische **Tipps zur Durchführung einer Projektumfeldanalyse:** Sie benötigen ein Gesamtbild. Gehen Sie daher nicht zu sehr ins Detail. Bedenken Sie, dass die Umfeldanalyse eine Momentaufnahme ist. Verschiedene Betrachtungszeitpunkte können zu unterschiedlichen Einschätzungen führen. Formulieren Sie die Maßnahmen so operativ wie möglich und sorgen sie auch für ihre Umsetzung.

Eine Projektumfeldanalyse sollte zunächst zu Beginn eines Projektes erstellt werden. Da sich die Umfeldbedingungen ändern können, ist es zweckmäßig, diese Untersuchung in gewissen Zeitabständen zu überarbeiten. Aus den Differenzen zwischen der anfänglichen Umfeldanalyse und der aktualisierten Version lassen sich möglicherweise neue Aktionsfelder ableiten.

Der typische Projektverlauf – Plan, Build und Run im Gleichklang

Projektgliederung in Phasen

Mit der Genehmigung eines Projekts kann die eigentliche Arbeit beginnen. Dabei hat sich für die Durchführung eine **Gliederung in Phasen** als sinnvoll erwiesen. So können Meilensteine definiert werden, die letztlich sicherstellen, dass die im Projekt zu leistenden Aktivitäten zielgerichtet und zeitgerecht in der gewünschten Qualität abgewickelt werden.

Mittlerweile verfügt jede größere Unternehmung, in der häufig Projekte abgewickelt werden, und jedes Beratungsunternehmen über ein eigenes Phasenkonzept. Auch in der Wissenschaft gibt es kein einheitliches Begriffssystem. Von wesentlicher Bedeutung sind jedoch immer die folgenden Phasen:

- **Planung** (Plan): Ist-Erhebung und Detailanalyse (Aufgaben-, Kommunikations-, Prozess- und Konkurrenzanalysen), Detailentwurf (Fach- und Systemkonzepte).
- **Realisierung** (Build): Entwicklung, Integration und Test der Lösung.
- **Einführung** (Run): organisatorische Implementierung, Schulungen, Inbetriebnahme.

Phasenmodelle machen Projekte

Warum Phasenmodelle?

- überschaubar (Strukturierung, Modularisierung),
- kalkulierbar (durch genaue Schätzungen) und
- steuerbar (über Soll-Ist-Vergleiche und Zwischenprodukte).

Bei der Anwendung eines Phasenmodells auf das Beispielprojekt »Internetauftritt« werden die Aktivitäten in den einzelnen Projektphasen sichtbar.

Phasengliederung (Beispiel)

Projektphasen »Internetauftritt«

Phase	Aufgaben
Ist-Erhebung und Ist-Analyse (**Plan**)	• Ist-Analyse des Internetauftritts (Design, Zugriffe) • Analyse der Rahmenbedingungen (genutzte Hard- und Software) • Anforderungen an die neue Version • genaue Erhebung des Aufgaben- und Mengengerüsts • Modellierung der Ist-Geschäftsprozesse
Detaillierter Entwurf des Fachkonzepts	• Inhaltsplanung (Strukturierung der Teilbereiche) • Designplanung • Modellierung der internen Verwaltung
Detaillierter Entwurf des Systemkonzepts	• Webdesign • Hardware- und Netzwerkkonzept • Softwareauswahl • Datenmanagementkonzept
System- und programmtechnische Realisierung (**Build**)	• Siteproduktion (Erstellung der HTML-Seiten) • Datenbankentwicklung • Programmierung (Java Scripts)
Einführung der neuen Lösung (**Run**)	• Installation von Hard- und Software • Erstellung von Organisationsrichtlinien und Regelung der Zuständigkeiten • Benutzerschulung • Inbetriebnahme

Welche Bedeutung haben Meilensteine im Projekt?

Meilensteine strukturieren die Projektarbeit, indem sie Etappen auf dem Weg des Projekts markieren. Sie dienen den Projektbeteiligten, Auftraggebern und Stakeholdern als Orientierungspunkte.

Anhand der Meilensteine erhält der Projektleiter rasch einen Überblick über die zeitliche Abstimmung der einzelnen Projektphasen. Gleichzeitig können Meilensteine auch dazu dienen, vor einem Projektlenkungsausschuss darzustellen, wie das Projekt »auf Kurs« ist.

Meilensteine auswählen

Wie werden Meilensteine ausgewählt?

Meilensteine ergeben sich zum Teil direkt aus der Abfolge der verschiedenen Projektphasen. In jedem Fall markieren sie **wichtige Ereignisse im Terminplan des Projekts**. So sind der Abschluss einer Hauptphase oder ein Zeitpunkt, zu dem eine wichtige, die Zukunft des Projekts betreffende Entscheidung ansteht, immer bedeutende Meilensteine. Im Idealfall wird ein Meilenstein durch ein **überprüfbares Ergebnis** repräsentiert, zum Beispiel durch ein Zwischenprodukt, das zu festgelegten Kosten an einem bestimmten Termin fertig gestellt sein soll.

Wenn Meilensteine durch konkrete Ergebnisse repräsentiert und als Herausforderung angesehen werden, erleichtern sie die Statuskontrolle und fördern die Motivation aller Beteiligten. Im Internetprojekt können die Meilensteine folgendermaßen gesetzt werden:

Meilensteine (Beispiele)

Meilensteine	Anlass
1. Großer Meilenstein	Präsentation und Genehmigung des Projektvorschlags
2. Kleiner Meilenstein	Abschluss der Analysephase
3. Kleiner Meilenstein	Fertigstellung des Soll-Konzeptes
4. Großer Meilenstein	Entscheidung über die Maßnahmenplanung, Freigabe der Budgetmittel
5. Kleiner Meilenstein	Abschluss der Realisierungsphase
6. Kleiner Meilenstein	Implementierungsphase und Abnahme der Ergebnisse

Was bringt ein gutes Projektmanagement?

Notwendigkeit von Projektmanagement

Projektmanagement ist die Planung, Steuerung und Kontrolle von komplexen Problemlösungsprozessen. Es hat sich in der Praxis bewährt, unabhängig von Projektart und Projektumfang das Projektmanagement in vier Hauptabschnitte zu unterteilen: **Projektvorbereitung, Analyse und Entwurfsphase** (**Plan**), **Realisierung** (**Build**) sowie die **Einführung** (**Run**). Diesen Abschnitten können bestimmte Projektmanagementaufgaben zugeordnet werden.

Projektmanagement-aufgaben-Systematik

Projekt-vorbereitung	Analyse und Entwurfsphase (Plan)	Realisierung (Build)	Einführung (Run)
Methoden und Instrumente			
Projektdefinition (Zielklärung, Grobplanung, Wirtschaftlichkeit, Projektauftrag)	Projektplanung (Feinplanung der Arbeitspakete, Termine, Kosten, Ressourcen)	Projektkontrolle und -steuerung	Projektabschluss und -auswertung (Evaluation)
Teamarbeit (soziale Aspekte)			
Auswahl des Projektteams	Teamentwicklung (Teamkultur)	Sitzungs-management Konflikt-management	Auflösung des Projektteams, Reintegration der Mitarbeiter
Projektorganisation			
Rollendefinition (Teams, Ausschüsse)	Aufgaben-verteilung	Einbettung von Controlling, QS und externen Mitarbeitern	Abschlussbericht und Abschluss-sitzung
Projektumfeld			
Stakeholderanalyse	Projektmarketing	Claimmanagement, Change-management	Produktübergabe, Abnahme beim Kunden, Präsentation

Welchen **Nutzen** bringt die konsequente Anwendung des Projektmanagements?

Nutzen von Projektmanagement

- Die einzelnen Aufgaben werden deutlicher erkennbar.
- Die Projektleitung kann schnell auf Problemsituationen reagieren.
- Klare Vorgaben erleichtern ein zielorientiertes Handeln.
- Durch die Benennung eines Projektleiters sowie von Verantwortlichen für Teilaufgaben (Arbeitspaketen) wird die Verantwortung zugeordnet.
- Die Übertragung anspruchsvoller Projektaufgaben fördert die Motivation der Projektmitarbeiter und ist ein wichtiges Instrument der Personalentwicklung.

Nach Erfahrungen der Beratungsfirma Gemini Consulting kann durch Einführung von Projektmanagementmethoden die Gesamtbearbeitungszeit um dreißig bis vierzig Prozent und der Aufwand um zirka fünfzehn Prozent reduziert werden.

Magisches Dreieck des Projektmanagements

Das Projektmanagement muss immer die drei zentralen Ziele im Auge behalten: Qualität, Termine, Kosten (magisches Dreieck des Projektmanagement). Diese gelten durchgängig für Planung, Steuerung und Kontrolle. Wird eines dieser Ziele gefährdet, wirkt sich das auch auf die anderen Ziele aus. Wichtig ist außerdem ein ganzheitliches Projektmanagement.

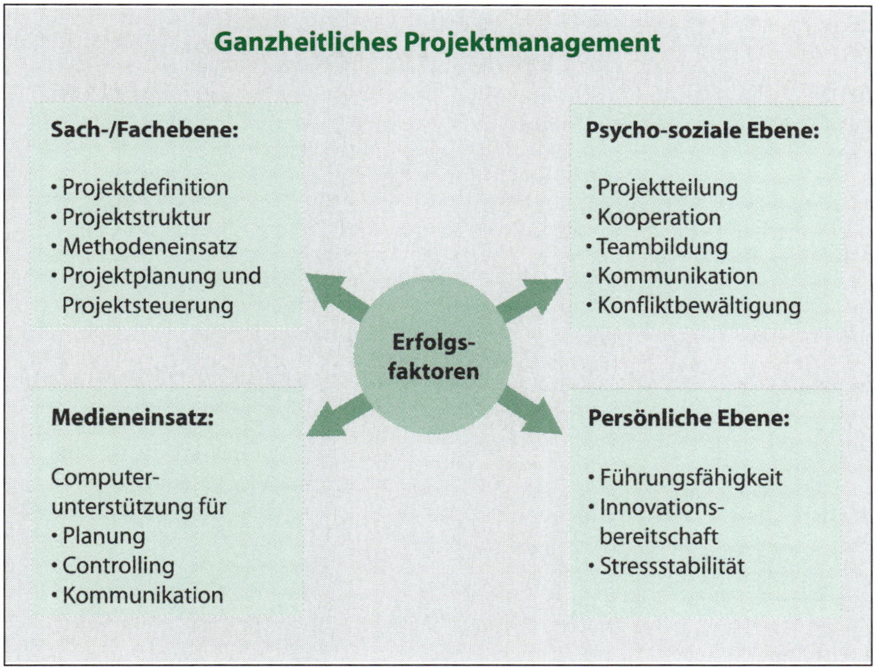

Ganzheitliches Projektmanagement

- **Sach- und Fachebene:** Im Rahmen eines professionellen Projektmanagements kommen Methoden und Techniken gezielt zum Einsatz.
- **Psychologisch-soziale Ebene:** Da Projekte von Menschen geplant und durchgeführt werden, sind psychologische und soziale Prozesse von großer Bedeutung für die Projektarbeit. Fragen der Teambildung und -leitung, der Kommunikation zwischen den Projektbeteiligten und der Konfliktbewältigung dürfen deshalb nicht vernachlässigt werden.
- **Persönliche Ebene:** Die Situation jedes einzelnen Mitarbeiters im Hinblick auf Motivation, Innovationsfreudigkeit und Stress ist für den Erfolg entscheidend. Eine ganzheitliche Perspektive wird sowohl der Komplexität der Aufgabenstellung als auch den Bedürfnissen der Mitarbeiter besser gerecht.

- **Medieneinsatz:** Projektmanagement kann durch den Einsatz geeigneter Medien in besonderer Weise unterstützt werden. Dies betrifft sowohl die Planungs- als auch die Steuerungsphase. Mit Hilfe des Internets kann die Kommunikation und Kooperation in Projekten auf eine neue Grundlage gestellt werden. Auch internationale Projekte können nun ohne allzu hohen Reiseaufwand durchgeführt werden.

Situatives Projektmanagement

Neben einem **ganzheitlichen Projektmanagement** ist ein **situativer Ansatz** wichtig. Dies bedeutet, dass das Management von Projekten und Projektphasen unterschiedlicher Komplexität den Einsatz differenzierter Methoden und Vorgehensweisen erfordert.

Kapitel 4
Schaffen Sie optimale Startbedingungen!

Die erfolgreiche Startphase

Die Projektorganisation festlegen – Welche Gruppen und Rollen sind in einem Projekt zu unterscheiden?

Für die Projektarbeit gilt: »So wie Sie starten, liegen Sie im Rennen.«

Die vertrauensvolle Zusammenarbeit von Projektleitung, Mitarbeitern, Entscheidungsträgern, Auftraggebern und Betroffenen ist die unverzichtbare Basis für eine erfolgreiche Projektarbeit. Dazu ist eine entsprechende Organisation erforderlich, die die Form der Kommunikation und Kooperation zwischen den Beteiligten festlegt.

Kern eines jeden Projekts ist eine Projektgruppe, die vom Beginn bis zum Abschluss des Projekts existiert. Zu ihr gehören der Leiter beziehungsweise die Leiterin, Mitarbeiter in Voll- oder Teilzeit und möglicherweise externe Berater und Fachleute.

Bei der Stakeholderanalyse wurde aber auch deutlich, dass ergänzend weitere Personen in die Projektarbeit einbezogen werden müssen. Für den Erfolg ist somit auch eine Koordinierung und Abstimmung der oftmals unterschiedlichen Interessenten und Interessen notwendig. Von besonderer Bedeutung neben dem Projektteam sind in jedem Fall

Weitere Projektbeteiligte

- Vertreter der Fachabteilungen,
- Mitglieder der Unternehmensleitung,
- Beteiligte aus anderen Unternehmen (Kunden, Lieferanten, Logistikdienstleister, Agenturen).

Dementsprechend kann die Bildung bestimmter Gremien (Lenkungsausschuss, Projektbeirat) und Unternehmensinstanzen (etwa eine zentrale Stelle oder Abteilung zur Koordinierung verschiedener Projekte im Unternehmen, in der Praxis oft als Project Office bezeichnet) notwendig sein.

Die Projektleitung

Aufgaben und Kompetenzen der Projektleitung

Projekte, gleich welcher Art, benötigen eine Projektleitung, die die Hauptverantwortung für das Projektmanagement übernimmt. Die Projektleitung ist für das Erreichen der im Projektauftrag formulierten Projektziele, für die Einhaltung des festgelegten Zeit- und Kostenrahmens und für den Einsatz der Projektressourcen verantwortlich.

Zur Wahrnehmung ihrer anspruchsvollen Aufgabe muss die Projektleitung über ausreichende Führungs-, Methoden- und Fachkompetenz verfügen. Folglich werden an diese Person meist recht hohe Anforderungen gestellt: Sie soll zugleich fachkompetent, durchsetzungsfähig, flexibel, handlungsorientiert, entscheidungsfreudig, selbstbewusst und selbstkritisch sein.

Eines muss die leitende Person jedoch nicht unbedingt sein: Der- oder diejenige mit der höchsten Fachkompetenz. Sie sollte vielmehr in der Lage sein, als integrierende und motivierende Kraft das Team zu guter Leistung zu führen, die Fachbereiche einzubeziehen und das Projektziel gradlinig zu verfolgen.

Anforderungen an die Projektleitung

Auch die Größe des Projekts kann Einfluss auf die Anforderungen an die leitende Person haben. So kommt in größeren Projekten der Fähigkeit zur Teammoderation und Teamführung eine weit höhere Bedeutung zu als spezieller Fachkompetenz in Einzeldisziplinen.

Die Zuweisung von Befugnissen an die projektleitende Person gehört zu den schwierigsten Aufgaben. Zu weit reichende Befugnisse kann von den Leitern der Fachabteilungen als Schmälerung der eigenen Position empfunden werden. Andererseits kann sich eine Verweigerung wichtiger Befugnisse negativ auf den Projekterfolg auswirken, da die Projektleitung dann eine schwache Position hat.

Zu beachten ist auch, dass die Mitarbeiter der Projektleitung zwar fachlich, in der Regel jedoch nicht disziplinarisch unterstellt sind. Hieraus entsteht ein gewisses Konfliktpotenzial. Gerade in Unternehmensprojekten ist häufig ein Konflikt zwischen Projektleitung und Linie (Fachabteilung) vorprogrammiert. Dieses Konfliktpotenzial kann eingedämmt werden durch

- ein Bewusstsein für Projektarbeit und Unternehmenskultur,
- das Verhalten der Führungskräfte,
- die Persönlichkeit der leitenden Person und
- Projektvereinbarungen.

Projektleitung besetzen

Wer kommt als Projektleiter in Betracht? Wird die Leitung unternehmensintern besetzt, so handelt es sich häufig um

- einen Mitarbeiter oder eine Mitarbeiterin aus dem auftraggebenden Fachbereich (beispielsweise bei einem Bildungsprojekt aus der Personalabteilung),
- eine Führungskraft aus einem Dienstleistungsbereich des Unternehmens (etwa aus der Organisationsabteilung oder bei einem Internet-Projekt aus der Betriebsinformatik) oder
- eine Führungsperson aus einer höheren Managementebene.

Denkbar ist auch, dass die Projektgruppe sich selbst organisiert und die Projektleitung im Laufe des Projektes zwischen den Teammitgliedern wechselt. Dieser Weg ist allerdings umstritten und funktioniert in der Regel nur bei sehr gut eingespielten Teams. Manche Firmen haben sogar ausdrücklich in ihrer Prozessbeschreibung zum Projektmanagement festgelegt, dass nur eine Person für die Projektleitung ausgewählt werden darf und diese im Projektauftrag namentlich festgelegt werden muss.

Die Rolle der Unternehmensführung

Beitrag der Unternehmensführung

In Projekten, die in eine Unternehmensorganisation eingebettet sind, ist der Einfluss der Unternehmensleitung auf den Erfolg von Projekten offensichtlich. Dies gilt vor allem für strategisch orientierte Unternehmensprojekte. Nicht unerheblich ist aber auch die Promoterfunktion, die dem Management bei vielen Projekten zukommt. Nur wenn sich die Projektleitung der Unterstützung durch die Unternehmensleitung sicher sein kann, lässt sich der Erfolg eines Projektes sicherstellen. Hilfreich ist außerdem, wenn die Führungsebene selbst durch geeignete Unterstützungsmaßnahmen (etwa auch durch Prämierung) dafür sorgt, dass die Projektarbeit erfolgreich verläuft und eine hohe Akzeptanz bei den Betroffenen gegeben ist.

Beachten Sie: Erfolgreiches Projektmanagement lebt davon, dass wesentliche Entscheidungen innerhalb des Projektteams getroffen werden können und dass die Mitglieder das Vertrauen der übrigen Mitarbeiter genießen. Wenn nun aber Linienverantwortliche, die nicht direkt eingebunden sind, Entscheidungen nicht mittragen, sind Probleme und Unzufriedenheit vorprogrammiert.

Verhalten von Führungskräften zur Projektleitung

Neben den Unterstützungsmaßnahmen und der Vorgabe genereller Leitlinien im Sinne einer zeitgemäßen Projektmanagementkultur ist das konkrete Verhalten von Führungskräften gegenüber der Projektleitung ein Einflussfaktor für erfolgreiche Projektarbeit.

Verhalten von Führungskräften gegenüber der Projektleitung

Positives Verhalten	Negatives Verhalten
Klare Regelung der Zuständigkeiten und Übertragung von Verantwortung	Häufige Interventionen, Unberechenbarkeit
Terminabstimmung, Sachargumentation	Terminvorgaben
Entscheidungsfreudigkeit	Entscheidungsträgheit
Kooperativität	autoritär-hierarchisches Denken
Vertrauen auf fachliche Kompetenz des Projektteams	Behauptung eigener Fachkompetenz

Die Unternehmensführung beziehungsweise der Auftraggeber muss dafür Sorge tragen, dass die notwendige Organisationskultur (die Werte und Leitlinien der Unternehmung) und die strukturellen Voraussetzungen für ganzheitlich-situative Projektarbeit gegeben sind. Wird sie dieser Aufgabe nicht gerecht, kann ein Projekt schon vor seinem Beginn zum Scheitern verurteilt sein.

Der Projektlenkungsausschuss

Gremium »Lenkungsausschuss«

Bei größeren oder mehreren, im Zusammenhang durchgeführten Projekten hat sich die Einrichtung von Ausschüssen als sinnvoll erwiesen. Notwendig ist dies aus zwei Gründen:

- Neben dem Projektleiter, dem Projektteam und dem Auftraggeber sind eine Fülle anderer Institutionen und Personen am Projektverlauf und an den Ergebnissen interessiert (betroffene Mitarbeiter, Leiter anderer Abteilungen oder Geschäftspartner). Diese Interessenten werden zusammenfassend als Stakeholder bezeichnet und sollten ihren spezifischen Interessen entsprechend eingebunden werden.
- Es gibt eine Vielzahl von Fachleuten und Fachkräften, deren Fachkompetenz ebenfalls gezielt zu berücksichtigen ist. Beispiele sind Controller, Qualitätsmanager oder externe Berater.

Die Ausschüsse werden meist durch den Auftraggeber gebildet und von den »Interessenvertretern« des Projekts besetzt. In größeren Unternehmen sind derartige Ausschüsse in den Organisations- und Prozessbeschreibungen ausdrücklich als Entscheidungsinstanzen vorgesehen.

Projektlenkungsausschüsse

Projektlenkungsausschüsse sind als Entscheidungs-, Koordinations- und Kontrollgremien für das gesamte Unternehmen in der Praxis weit verbreitet. Synonyme Bezeichnungen sind **Entscheidungskommission** und **Steering Comittee**. Ein solches Gremium überwacht das Projekt von Beginn an. Es ist die oberste Instanz für die Planung und Steuerung aller Projekte, die in einer Organisation durchgeführt werden. Bezüglich der Zusammensetzung hat es sich als zweckmäßig erwiesen, in dieses Gremium hochrangige Führungskräfte zu entsenden.

Da in diesem Gremium Entscheidungen von erheblicher Tragweite getroffen werden, sollte ein Mitglied der Geschäftsführung im Projektlenkungsausschuss vertreten sein. Die Projektleitung nimmt ebenfalls an den Sitzungen teil. Im Regelfall hat die Projektleitung in diesem Gremium eine beratende Funktion, ein Mitentscheidungsrecht hat sie nur in Ausnahmefällen.

Ein **Hinweis:** Lenkungsausschüsse sind meist für mehrere Projekte in einem Unternehmen zuständig. Es empfiehlt sich daher, für jedes Projekt einen Mentor als Ansprechpartner festzulegen.

In größeren Organisationen existieren mitunter auch besondere Stellen, die eine übergreifende und wirtschaftliche Projektarbeit gewährleisten sollen:

Spezifische Stellen zur Unterstützung der Projektleitung

- Stelle zur **Koordinierung sämtlicher Projekte eines Bereiches:** Eine solche Stelle ist im Rahmen eines Multiprojektmanagements für die übergeordnete Steuerung und Auswertung von Projekten zuständig.
- **Projektcontrolling:** Hier erfolgt ein übergeordnetes Controlling sowie die Prüfung der Statusberichte.
- **Qualitätssicherungsbeauftragter:** Für die Dauer des Projektes unterstützt ein QS-Beauftragter die Projektleitung bei der Planung, Steuerung und Durchführung von QS-Aktivitäten.

Welche Ausschüsse, Gremien und Stellen zur Steuerung und Unterstützung der Projektarbeit vorhanden sind, hängt stark von den unternehmensspezifischen Rahmenbedingungen und vom Projektumfang ab.

Die Beteiligung der Arbeitnehmervertretung

Einfluss der Arbeitnehmervertretung auf die Projektarbeit

Es soll ehrgeizige Projekte geben, die nie über das Planungsstadium hinauskommen, weil der Konflikt mit den Arbeitnehmervertretern gescheut wird. Das muss nicht sein – zumindest nicht, wenn man zeitgemäßes Projektmanagement wörtlich nimmt.

Zahlreiche Projekte, die in Unternehmen realisiert werden, haben erheblichen Einfluss auf Arbeitsbedingungen und Arbeitsabläufe der Beschäftigten. Die Arbeitnehmervertretungen haben die Erwartungen an die Projektleitung, dass sie umfassend informiert und frühzeitig in Entscheidungsprozesse eingebunden werden. Dies betrifft etwa Konsequenzen für die Arbeitsplatzausstattung oder Veränderungen in den Stellenbeschreibungen und Arbeitsprozessen.

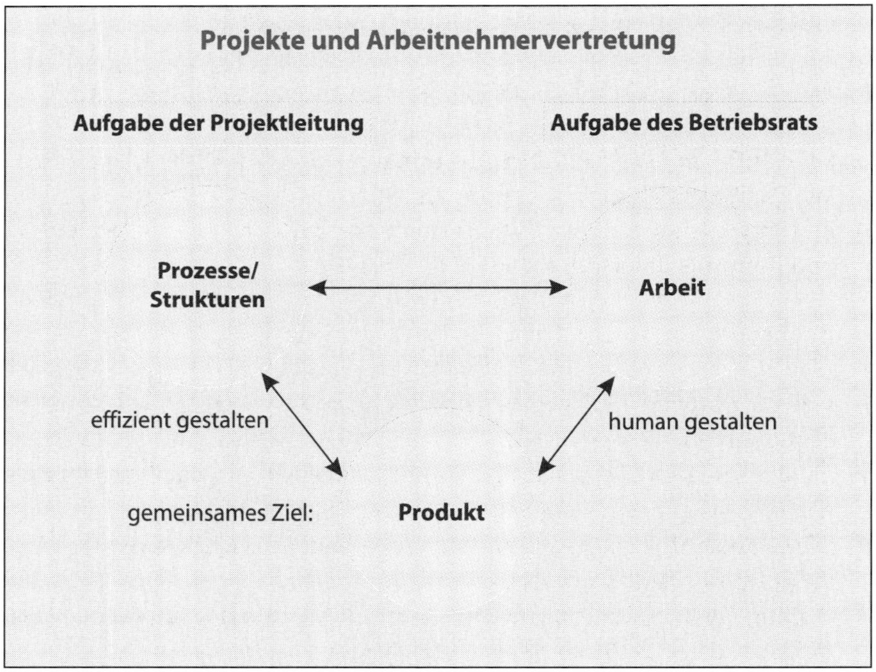

Das Projektteam bilden – Was Sie beachten müssen

Die Projektarbeit vollzieht sich in der Regel als ein kooperativer Problemlösungsprozess, bei dem verschiedene Wissens-, Kompetenz- und Verantwortungsträger zusammenwirken. Wer die Anforderungen erfüllen möchte, die an das Projektergebnis gestellt werden, benötigt die Ressourcen eines Projektteams. Einige Spötter sehen den Begriff Team als Abkürzung für »Toll, ein anderer macht's.« Dies darf gerade bei Projekten nicht so sein. Es sollte vielmehr gelten: »Wir sitzen alle in einem Boot.«
Charakteristisch für ein Team ist, dass die beteiligten Personen gemeinsam Verantwortung tragen und die einzelnen Leistungen zusammen einen Synergieeffekt erzeugen. Durch Teambildung sollen die Stärken der Teammitglieder für die Projektarbeit genutzt werden. Die Arbeitsbeiträge der Teammitglieder beeinflussen sich gegenseitig. Die Projektmitarbeiter sollten

»Der Mensch für sich allein vermag gar wenig und ist ein verlassener Robinson; nur in der Gemeinschaft mit den andern ist und vermag er viel.«

Arthur Schopenhauer

- die Arbeit qualifiziert und in Eigenverantwortung innerhalb des vereinbaren Zeitrahmens ausführen,
- bei sachlichen oder zeitlichen Abweichungen von der Planung unverzüglich die Projektleitung in Kenntnis setzen,
- die Projektleitung durch Tätigkeitsberichte bei der Planung, Steuerung und Kontrolle unterstützen.

Vorteile von Teamarbeit

Gegenüber der Einzelarbeit hat das Arbeiten im Team **zahlreiche Vorteile:**

- Durch die Integration von Experten können Aufgaben fachübergreifend gelöst werden.
- Ein gut funktionierendes Team kann Leistungen erbringen, die die einzelnen Mitglieder allein nicht erzielen würden (Synergieeffekte).
- Die Gruppe gibt den Teammitgliedern eine höhere Sicherheit und verstärkt so Motivation und Engagement.
- Wichtige Entscheidungen lassen sich im Team auf einer fundierten Basis treffen, sodass das Risiko von Fehlentscheidungen reduziert wird.

Machen Sie sich die Erkenntnis zunutze, dass ein gut funktionierendes Projektteam meist eine weit bessere Leistung erbringt als die Summe der Leistungen aller einzelnen Projektgruppenmitglieder ausmachen würde. Es gilt deshalb, Synergieeffekte möglichst gut zu nutzen.

Betrachten wir das Beispielprojekt »Internetauftritt«: Hier arbeiten Fachleute aus verschiedenen Wissensgebieten zusammen: Marketingexperten, Designer, Kaufleute, Texter, Datenbankexperten und Programmierer betrachten das Projekt aus verschiedenen Perspektiven. Das Team ist interdisziplinär zusammengesetzt, das Projektmanagement muss also die Zusammenarbeit von Menschen verschiedener Denkweisen unterstützen. Denn nur wenn alle an einem Strang ziehen, kann der neue Internetauftritt zielgerecht verwirklicht werden. Nur wenn alle Komponenten – Design, Inhalt, Benutzerführung und andere – gut aufeinander abgestimmt sind, bietet das Endprodukt alle gewünschten Vorteile. Eine ausgewogene Lösung kann nur ein Team produzieren, in dem alle Kompetenzen gut ausbalanciert werden.

Regeln zum Bilden von Projektteams

Ein leistungsfähiges und ausgewogenes Projektteam zusammenzustellen ist in den meisten Fällen keine einfache Aufgabe. Aus vielfältigen Erfahrungen lassen sich einige Richtlinien ableiten:

- Teams sollten nicht zu groß sein. Ein arbeitsfähiges Team umfasst maximal fünf bis sieben Personen. Bei dieser Gruppenstärke wird die größtmögliche Effizienz erreicht. Mit wachsender Teamgröße wird die Leitung des Projekts schwieriger und die interne Entscheidungsfindung zeitaufwändiger.
- Bilden Sie bei Projekten mit mehr als sieben Mitarbeitern ein Kernteam. Außerdem ist es dann notwendig, verschiedene Projekteinheiten zu bilden.
- Achten Sie darauf, dass möglichst alle Betroffenen im Projektteam repräsentiert sind. Versuchen Sie, Machtträger und Promotoren einzubinden.
- Im Projektverlauf können sich die Anforderungen an Größe und Zusammensetzung der Gruppe ändern.
- Da im Projektteam unterschiedliche Rollen zu besetzen sind, werden auch Personen unterschiedlicher Qualifikation benötigt. Können die Mitarbeiter die ihnen übertragenen Rollen auch ausfüllen?
- Bei der Auswahl der Mitarbeiter spielt die fachliche Qualifikation ebenso eine Rolle wie Interesse, Motivation und Identifikation mit dem Projekt und persönliche Eigenschaften.

Mitunter ist die Bildung von **Projekteinheiten** sinnvoll. Diese wickeln unter einer eigenen Leitung die Projektarbeiten für bestimmte Bereiche in Zusammenarbeit mit den jeweils betroffenen Mitarbeitern ab. Im Fall unseres Internetprojekts können mehrere Projekteinheiten gebildet werden.

Beispiele für das Bilden von Projekteinheiten

Bildung von Projekteinheiten	
Projekteinheit	**Mitglieder**
Inhaltliche Planung	1 Projektmitglied (Contentmanager) 2 Endanwender aus den Fachbereichen
Webdesign	2 Projektmitglieder (Webdesigner) 2 Endanwender aus dem Marketing
Vertrieb/Werbung	1 Projektmitglied (Anwendungsprogrammierer) 3 Endanwender aus dem Vertrieb
Reservierung	2 Projektmitglieder (Datenbankspezialisten) 3 Endanwender
IT-Fragen	3 Projektmitglieder (Systementwickler, Webpogrammierer) 2 Hauptnutzer

In erfolgreichen Projekten fühlen sich die Teammitglieder gemeinsam für die Projektziele verantwortlich und suchen gemeinsam nach Wegen und Lösungen. Die Zusammenstellung der Teammitglieder ist mit entscheidend dafür, dass dies gelingt, denn viele Projekte scheitern an zwischenmenschlichen Konflikten und nicht unbedingt an Problemen auf sachlicher Ebene.

Ein Kernteam bilden

Mitglieder eines Kernteams

Für die Umsetzung von größeren und komplexen Projekten bietet sich die Bildung eines Kernteams an. Dieses Kernteam besteht aus Mitarbeitern, die

- ausschließlich für das Projekt zur Verfügung stehen,
- Erfahrung aus den jeweiligen Bereichen mitbringen,
- die Zusammenhänge der übergreifenden Geschäftsabläufe kennen und
- in der Lage sind, prozessorientiert Abläufe zu entwickeln.

Neben dem Kernteam und Projekteinheiten sind noch spezielle Expertengruppen und Ad-hoc-Teams denkbar. Die folgende Abbildung zeigt die verschiedenen Ebenen der Projektorganisation im Zusammenhang.

Projektorganisation im Zusammenhang

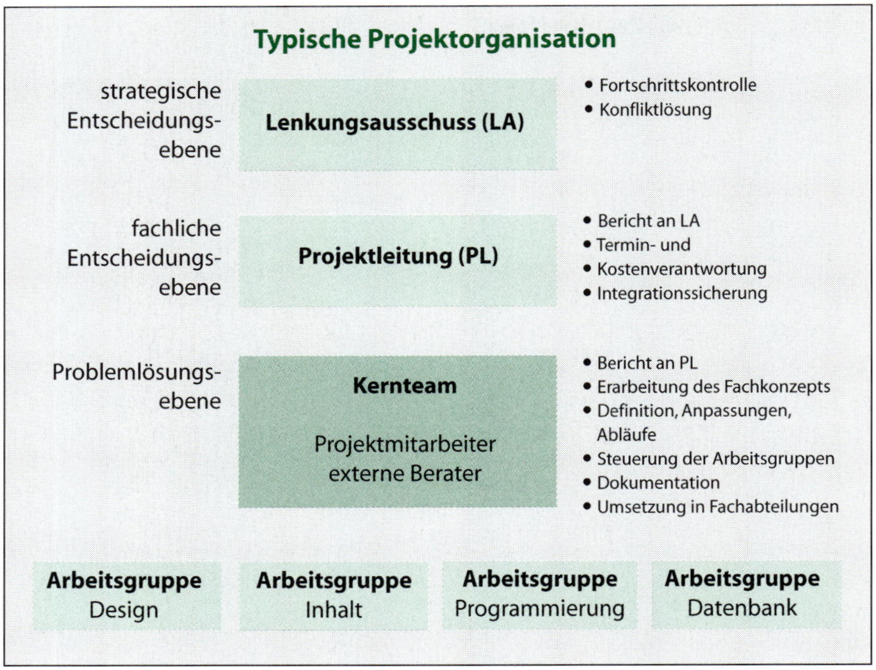

Um Entscheidungsprozesse zu beschleunigen, wird in jüngster Zeit die Verantwortung für den Erfolg des Projekts immer stärker dem Team übertragen. Auf diese Weise ist es nicht mehr erforderlich, dass jede Entscheidung erst die Hierarchieebenen der Unternehmung durchläuft und von Abteilungsleitung zu Abteilungsleitung weitergereicht wird. Außerdem motiviert die höhere Eigenverantwortung die Teammitarbeiter zu einer stärkeren Berücksichtigung der Kundenperspektive.

Ad-hoc-Teams bilden

Wozu Ad-hoc-Teams bilden?

Das Projektteam bedarf in besonderen, fachspezifischen Fragen oder für Teilstudien der Unterstützung durch unternehmensinterne oder externe Fachleute. In diesen Fällen werden so genannte Ad-hoc-Teams gebildet. Diese Teams haben meist nur für eine bestimmte Projektphase Bestand.

Anforderungen an Teammitglieder – die Auswahlentscheidung

Mit der **Auswahl der Teammitglieder** werden in entscheidendem Maße die Weichen für das Gelingen eines Projekts gestellt. Die Zusammensetzung eines Projektteams ist natürlich durch die Art des Projekts geprägt. So muss bei strategisch besonders relevanten Projekten eine andere Zusammensetzung erfolgen als bei der Abwicklung von Routineprojekten.

»Die größten Probleme bei unserer Arbeit sind keine technologischen Probleme, sondern soziologische Probleme.«

Tom DeMarco und Timothy Lister (Wien wartet auf Dich! Der Faktor Mensch im DV-Management, 1991)

Bestimmten persönlichen Eigenschaften und Fähigkeiten kommt im Rahmen der Projektarbeit eine besondere Bedeutung zu. Teammitglieder müssen selbstständig und eigenverantwortlich arbeiten können und zugleich kontaktfreudig gegenüber ihren Mitarbeitern sein, um sie unterstützen und motivieren zu können. Denn Fachkompetenz alleine reicht nicht aus, um ein gut funktionierendes Projektteam zu bilden. In einem Projekt muss Fachkompetenz geteilt und, oft unter Stress, flexibel eingesetzt werden

Das Projekt-Start-up-Meeting – ein Motivationsfaktor

Gerade zu Beginn eines Projekts ist die Motivation der Mitarbeiter besonders wichtig. Der Begriff Motivation ist nach wie vor in aller Munde, wenn erklärt werden soll, warum mehr oder weniger gute Arbeitsleistungen in Projektteams erbracht werden.

Gründe für ein Projekt-Start-up-Meeting

Um das gesamte Projektteam zu Beginn der Arbeit zu motivieren, hat sich die Durchführung eines **Start-up-Meetings** bewährt. Es trägt dazu bei, dass sich die Mitglieder des Projektteams näher kennen lernen, eine erste Rollenverteilung im Projekt vorgenommen wird, sich ein Wir-Gefühl im Projektteam entwickelt und mögliche Risiken und Konflikte schon in der Startphase erkannt werden.

Neben der Projektleitung und dem Projektteam, die in jedem Fall an der Startveranstaltung teilnehmen, empfiehlt es sich, die wesentlichen Projektinteressenten (Stakeholder) und Vertreter des Auftraggebers einzuladen. Sie sollten zumindest zeitweise anwesend sein. Eine mögliche Gliederung der Start-up-Veranstaltung zeigt die folgende Tagesordnung:

Tagesordnung für ein Start-up-Meeting

- Begrüßung und Vorstellung der Teilnehmer.
- Kurzpräsentation des Projektauftrages und der Ziele der Veranstaltung.
- Abfrage: Was erwarten die Teilnehmer von dem Meeting?
- Präsentation und Diskussion der Ergebnisse der Stakeholderanalyse.
- Formulierung von Projektteilzielen.

- Erstellung eines groben Projektstrukturplanes.
- Festlegung der Projektphasen und der wichtigsten Meilensteine.
- Überlegungen zur Projektorganisation mit Entwicklung eines Informations- und Kommunikationssystems für das Projekt (Festlegen der Dokumentationsrichtlinien und -strukturen).
- Festlegung von Spielregeln für die Zusammenarbeit im Projektteam.
- Diskussion möglicher Projektrisiken.
- Weiteres Vorgehen: Maßnahmen und Termine.

Tipps zur Durchführung eines Projekt-Start-ups

Berücksichtigen Sie die folgenden Hinweise bei der Durchführung Ihrer Start-up-Veranstaltung:

- Bereiten Sie die Veranstaltung sorgfältig vor.
- Laden Sie alle am Projekt Beteiligten einschließlich derAuftraggeber und Nutzer ein.
- Die Veranstaltung sollte von einer führungserfahrenen Person geleitet werden.
- Die Veranstaltung sollte in einem positiven Umfeld in angenehmer Atmosphäre stattfinden.
- Die Einführungsveranstaltung sollte mindestens einen ganzen Tag dauern.
- Gemeinsame Freizeitaktivitäten können das Treffen zu einem besonders positiven Erlebnis werden lassen.
- Nehmen Sie die Ergebnisse der Veranstaltung in die Projektdokumentation auf.

Bedenken Sie: Die Kosten für Start-up-Aktivitäten werden aufgewogen durch reibungslose Zusammenarbeit im Projektteam.

Rahmenbedingungen zur Motivierung von Projektteams

Neben der Start-up-Veranstaltung gilt es, über die **Rahmenbedingungen** nachzudenken, die eine dauerhafte Motivation sicherstellen. Dazu einige Beispiele:

- Nicht selten sind die Mitarbeiter unzufrieden mit dem Informationsverhalten im Projekt. Sorgen Sie deshalb bereits zu Projektbeginn für die klare Festlegung der Informationsflüsse unter den Beteiligten.
- Mitarbeiterinnen und Mitarbeiter fordern von ihren Vorgesetzten in der Regel eine hohe Fach- und Führungskompetenz. Ist diese bei der Projektleitung gegeben, werden Weisungen der Projektleitung eher angenommen und befolgt. Das Engagement steigt erheblich.

- Auch eine gerechte Honorierung für die Beteiligung am Projektteam kann motivieren. Vorstellbar wäre eine erfolgsorientierte Entlohnung (etwa eine Prämienregelung).

Ziele finden, Ziele vereinbaren – so schaffen Sie Klarheit

Vorteile verbindlicher Zielvereinbarungen

Nicht selten scheut die Projektleitung den mit einer genauen Zieldefinition verbundenen Aufwand und begnügt sich mit zu vagen Zielen. Dies muss und sollte nicht so sein. Erst wenn eindeutige Ziele gesteckt (und fixiert) sind, werden Energien bei den Beteiligten freigesetzt. Verbindliche Ziele bieten wichtige Vorteile für die Projektarbeit:

- Allen Beteiligten wird klar, worauf es ankommt. Die anfallenden Aufgaben können besser koordiniert werden.
- Sind die Ziele eindeutig, dann können Prioritäten gesetzt werden, und die Beteiligten können sich auf das Wesentliche konzentrieren.
- Sind die Ziele lösungsneutral formuliert, dann fällt es den Mitarbeitern leichter, bei der Suche nach Lösungswegen ihre Kreativität einzusetzen.
- Die Motivation und das Engagement werden gesteigert. Wichtig ist, dass die formulierten Ziele realistisch sind. Sie sollen fordern, aber nicht demotivieren.
- Messbare Ziele liefern Kriterien für eine objektive Leistungsbeurteilung.

Methoden der Zielbildung im Projektteam

Ausgangspunkt für die **Zielbildung im Projektteam** ist die Sammlung der Ziele. Hierfür stehen verschiedene Methoden zur Verfügung:

- **Brainstorming:** Mit Hilfe eines Brainstormings können in unstrukturierter Weise Ziele gesammelt werden. Es handelt sich um ein intuitives Vorgehen, bei dem die Teilnehmer kaum geleitet werden.
- **Zielbibliothek:** Die Zielbibliothek enthält eine Sammlung von Referenzzielen mit verschiedenen Zusatzinformationen. Sie stammt in der Regel aus Zielen vergleichbarer Projekte (besonders geeignet für Routineprojekte).
- **Zielcheckliste:** Sie dient als Notizbuch, in dem Ziele festgehalten werden, die später näher betrachtet werden sollen. Gewonnen werden können diese unter anderem durch Befragungen in den betroffenen Fachabteilungen.
- **Vorgegebene Firmenziele:** In diesem Fall dienen die Ziele der Organisation als Basis. Hieraus werden dann stufenweise die Teilziele für das konkrete Projekt abgeleitet.

Tipps zur Formulierung von Zielen im Projektteam

Welches Vorgehen zur Zielfindung im Team gewählt wird, hängt unter anderem vom Innovationsgrad des Projektes ab, aber auch von den Erfahrungen, die mit den verschiedenen Methoden vorliegen. Nachdem mögliche Ziele gesammelt wurden, gilt es, sie zu gewichten. Oft werden Muss-, Soll- und Kann-Ziele unterschieden. Ziele sollten so präzise wie möglich formuliert sein. Dabei können folgende Hinweise helfen:

- Wählen Sie Ihre Ziele so, dass sie einen Energiegewinn auslösen oder besonders nachteiligen Energieverzehr beseitigen. Nutzen Sie besonders aussichtsreiche Chancen.
- Beschreiben Sie die Ziele mit Termin und Ergebnis. Ein Beispiel: Realisierung des neuen Internetauftritts mit den definierten Inhalten bis zum Ende des Jahres. Bedenken Sie, dass die Zielformulierung Lösungsalternativen nicht vorwegnehmen sollte.
- Hinsichtlich der Konkretisierung der Ziele existieren unterschiedliche Auffassungen. Ziele müssen unbedingt so formuliert werden, dass nach Projektabschluss festgestellt werden kann, ob beziehungsweise in welchem Maße sie erreicht wurden. Radikale Zielformulierungen sind eine Herausforderung, die motivieren, aber auch demoralisieren kann, wenn ein zu großer Druck entsteht. Die Kunst der Zielformulierung besteht darin, entsprechend den Erfordernissen die richtige Mischung aus offenen, herausfordernden Elementen einerseits und orientierenden Rahmenbedingungen andererseits zu finden.
- Achten Sie als Projektleiter unbedingt darauf, dass die Zielsetzungen im Projektauftrag eindeutig formuliert werden.
- Bestimmen Sie bei langfristigen Zielen Teilziele mit entsprechenden Kontrollterminen.
- Führen Sie im Projektteam eine gemeinsame Zielplanung durch. Regen Sie regelmäßige Zielfindungsgespräche mit Ihrem Projektleiter und mit dem Auftraggeber an. Die einmal gesetzten Ziele müssen auch während des Projektverlaufs immer wieder daraufhin überprüft werden, ob sie noch Bestand haben oder verändert werden müssen.

Beachten Sie: Einmal vereinbarte Ziele müssen auch während der Projektabwicklung immer wieder überprüft werden, ob sie weiter verfolgt werden sollen oder ob eine Veränderung der Zielsetzung sinnvoll ist. Gerade bei Projekten mit längerer Projektdauer sind Veränderungen in den Rahmenbedingungen des Projektes nicht untypisch; und diese können auch eine neue Vereinbarung bzw. Revision von Projektzielen erforderlich machen.

Wie Sie sich mit dem Auftraggeber abstimmen müssen – Projektorganisation festlegen

Der Auftraggeber eines Projektes ist in der Regel mit dem Initiator des Projektes identisch und zählt oft auch zu den unmittelbaren Nutzern. Zu unterscheiden sind in der Projektpraxis zwei Varianten.

Varianten von Projektauftraggebern

- **Interner Auftraggeber:** Die Unternehmensführung oder eine Hauptabteilung tritt als Auftraggeber auf.
- **Externer Auftraggeber:** Führt eine Unternehmensberatung, eine Softwarefirma oder ein Bauunternehmen ein Projekt für einen Kunden durch, dann handelt es sich bei den Kunden um externe Auftraggeber. Im Beispielprojekt »E-Learning« kann eine Akademie den Auftrag für die Realisierung des Projektes an externe Spezialisten vergeben.

Zusammenwirken von Linienorganisation und Projektorganisation

Um bei Unternehmensprojekten ein effektives Zusammenwirken mit der Stammorganisation (Linienorganisation einer Unternehmung) sicherzustellen, sind entsprechende Lösungen zu finden. Dabei geht es um die Einrichtung von organisatorischen Instanzen, die für die Projektabwicklung notwendig sind, sowie ihre Einordnung in und ihr Zusammenwirken mit der bestehenden Stammorganisation.

Hinsichtlich der Frage, wie die Projektarbeit in die Gesamtorganisation einzuordnen ist und wer welche Kompetenzen hat, gibt es zahlreiche Gestaltungsalternativen. Die Varianten reichen von einer umfassende Projektkontrolle durch Instanzen der Stammorganisation bis hin zur Durchführung in autonomen Projektgruppen. Zwei grundsätzliche Alternativen seien kurz skizziert.

- **Organisation in der Linie:** Ein Projekt wird direkt in der entsprechenden Fachabteilung mit den dort vorhandenen Ressourcen durchgeführt. Projektleiter ist in der Regel der Abteilungs- oder Dienststellenleiter. Diese Organisationsform ist wegen der doppelten Belastung der Projektmitarbeiter und begrenzter Wissensressourcen nur für Projekte von geringer Komplexität geeignet.
- **Selbstständiges Projekt:** In diesem Fall werden die Projektleiter und die Mitarbeiter für die Dauer des Projekts von ihren normalen Aufgaben entbunden.

Einrichtung eines Project Office

Falls kein Projektlenkungsausschuss existiert, kann als Koordinierungsinstanz im Unternehmen beispielsweise ein **Project Office** eingerichtet werden. Dieser Instanz (eine Person oder ein Team) obliegt die Verwaltung der Gesamtplanung sämtlicher Projekte mit dem Ziel einer übergeordneten Steuerung und Auswertung. Das Project Office überwacht für die Geschäftsführung oder die Abteilungsleitung die Meilensteine der Projekte in zeitlicher und inhaltlicher Hinsicht. Das Project Office kann für die Vorbereitung und Dokumentation der regelmäßig mit allen Projektleitern abgehaltenen Sitzungen sowie für die formale Kontrolle von Projektaufträgen und Abschlussberichten verantwortlich sein. Es kann auch als zentraler Ansprechpartner für die Planung von Projekten sowie für Ideen und Initiativen dienen.

Kapitel 5
Projekte planen

Die entscheidenden Planungsaufgaben

Warum und für welche Bereiche sind Projektpläne erforderlich?

Manche Mitarbeiter mögen Planung zwar als lästig empfinden, die Notwendigkeit einer präzisen Projektplanung ist jedoch unbestritten. Erfahrungen der Praxis zeigen, dass schlechte Planungsarbeit eine Hauptursache für Fehlschläge und Zielabweichungen ist. Nehmen Projekte einen gewissen Umfang an, dann empfiehlt sich immer eine detaillierte Planung sowie eine fortlaufende Überwachung und Steuerung.

Während der Projektplanung werden Vorstellungen über den personellen, sachlichen und finanziellen Rahmen sowie bezüglich des zeitlichen Ablaufs des Projekts entwickelt. Die Gesamtaufgabe muss nach dem Prinzip »vom Groben zum Detail« in überschaubare Arbeitspakete zerlegt und ein Projektteam gebildet werden. Das Ergebnis der Planungsarbeiten ist ein umfassender **Projektplan**, der Grundlage für die Steuerung und Maßstab für die Kontrolle des Projekts ist. Den Zusammenhang zwischen den Planungsaufgaben können Sie der Grafik auf Seite 58 entnehmen.

»Als ich merkte, dass von Leuten mit gleichen Fähigkeiten die einen sehr arm, die anderen aber sehr reich sind, verwunderte ich mich, und es schien mir eine Untersuchung wert, wie das kommt. Da stellte sich nun heraus, dass das ganz natürlich zuging. Wer nämlich ohne Planung handelt, an dem rächt es sich. Wer sich aber mit angespanntem Verstand bemüht, der arbeitet schneller, leichter und Gewinn bringender.«

Sokrates

Berücksichtigen Sie kritische Größen!

Die verschiedenen Planungsgrößen sind voneinander abhängig. Eine ausgefeilte Zeitplanung ist wertlos, wenn sie Ressourcen unterstellt, die nicht vorhanden sind. Für die Abstimmung der Planungsgrößen empfiehlt sich ein iteratives Vorgehen. Ausgangspunkt ist eine Größe, bei der Sie einen Engpass vermuten (kritische Größe). In den meisten Fällen sind dies der Finanzrahmen und die Personalkapazität. Auf die jeweilige kritische Größe müssen alle anderen Plangrößen ausgerichtet werden. Stellt sich im Rahmen der weiteren Planung eine andere Größe als kritischer heraus, so muss diese zur Grundlage einer neuen Planungsrunde gemacht werden. Dieses Verfahren wird wiederholt, bis alle Plangrößen miteinander in Einklang gebracht worden sind.

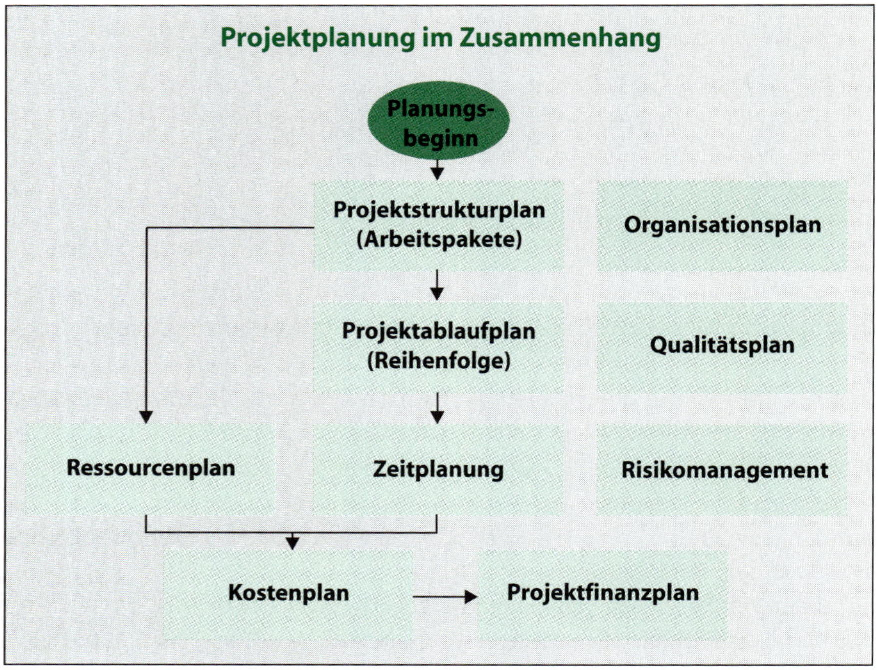

Projekt-versus Produktplanung

Ein Hinweis: Es ist sinnvoll, die Projektplanung von der eigentlichen Produktplanung zu unterscheiden. Soll im Rahmen eines Projekts ein komplexes Produkt entwickelt werden, so ist es erforderlich, zunächst eine detaillierte Produktplanung vorzunehmen (Leistungsumfang, technische Gliederung). Die Produktplanung wird im Folgenden nicht behandelt, da sie je nach Art des Produkts stark variiert.

Wägen Sie ab, welcher Planungsaufwand notwendig ist. Untersuchungen zeigen, dass die Planungskosten nur zirka zwei Prozent der gesamten Projektkosten ausmachen. Natürlich ist auch ein solcher Kostenanteil noch zu hoch, wenn die Planung keinen Nutzen bringt. Zeiteinsparungen von zwanzig Prozent und Kostenreduzierungen um fünfzehn Prozent sind aber durchaus realistische Werte. Planung ist also auch in betriebswirtschaftlicher Hinsicht vorteilhaft.

Im Laufe der Zeit sind etliche **Methoden der Planung, Steuerung und Kontrolle von Projekten** entwickelt und mit Erfolg eingesetzt worden, etwa verschiedene Varianten der Netzplantechnik oder Gantt-Diagramme. Es lohnt sich, ein wenig Zeit und Aufwand in ein systematisches Projektmanagement zu investieren!

Der Projektstrukturplan – Arbeitspakete definieren

Projektstruktur planen

Nach der Erteilung des Projektauftrags beginnt mit der Strukturplanung die eigentliche Projektplanung. Der Arbeitsprozess wird ausgehend vom Anforderungskatalog unter sachlichen, technischen und kaufmännischen Gesichtspunkten strukturiert mit dem Ziel, unterschiedliche Aufgaben abzugrenzen und so eine Übersicht über die erforderlichen Aktivitäten zu gewinnen.

Für die Strukturplanung hat es sich als sinnvoll erwiesen, stufenweise vorzugehen und sämtliche Aktivitäten in hierarchischer Form zu ordnen. Auf der untersten Ebene der Hierarchie stehen einzelne Arbeitspakete. Ergebnis dieser Gliederung ist ein **Projektstrukturplan**.

Zwecke eines Projektstrukturplans

Hauptzweck des Projektstrukturplans ist die systematische und vollständige Erfassung aller Aktivitäten unter inhaltlichen Aspekten. Die Reihenfolge der Umsetzung spielt in dieser Phase noch keine Rolle. Vermeiden Sie Überschneidungen, indem Sie die verschiedenen Aktivitäten deutlich abgrenzen. Der Projektstrukturplan sollte so weit ausgearbeitet werden, bis alle Arbeitspakete überschaubare Aufgaben darstellen, die einem Verantwortlichen zugeordnet werden können. Wegen seiner übergeordneten Bedeutung wird der Projektstrukturplan auch »Plan der Pläne« genannt. Welchen Nutzen hat der Projektstrukturplan?

- Anhand einer hierarchischen Darstellung der Einzelaktivitäten eines Projektes ist leicht erkennbar, ob sämtliche Schritte erfasst sind. Die Komplexität der Aufgabe wird reduziert und es entsteht eine Planungsgrundlage für Kosten, Aufwände und Termine.
- Der Projektstrukturplan fördert den Teamentwicklungsprozess zu Beginn eines Projektes. Er ist meist das erste gemeinsam erarbeitete Ergebnis, und er unterstützt eine ganzheitliche Perspektive, da das gesamte Projekt abgebildet wird.
- Der Projektstrukturplan eignet sich sehr gut für Präsentationen. Er ist ein hervorragendes Kommunikationsmittel, da jedes Projektmitglied sofort seinen Beitrag zum Gesamtprojekt erkennen kann. Fachleute, die bei der Planung nicht anwesend waren, gewinnen schnell einen Überblick.

Der Projektstrukturplan sollte von allen Mitgliedern des Projektteams gemeinsam erarbeitet werden. Neben den Aktivitäten können im Projektstrukturplan auch die Namen der Verantwortlichen für deren Durchführung eingetragen werden.

Für das Projekt zur Weiterentwicklung des Internetauftritts wurde ein solcher Strukturplan entwickelt.

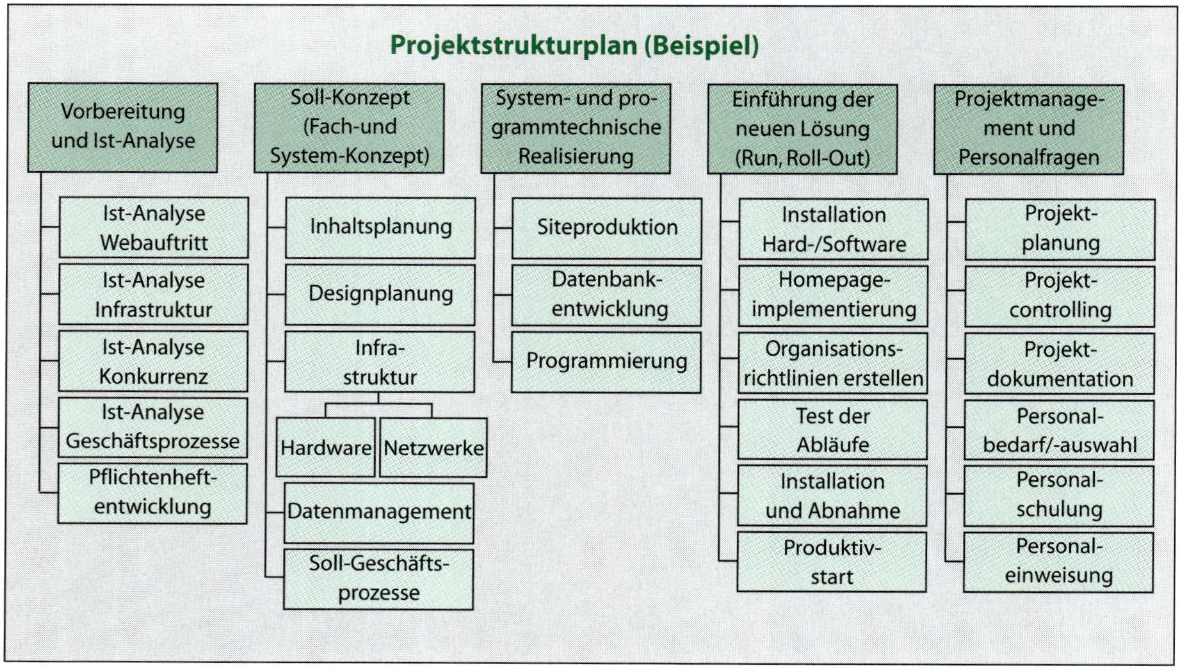

Arbeitspakete planen

Arbeitspaketplanung

Der Projektstrukturplan ist die Basis für die eingehendere Planung der Arbeitspakete. Ein Arbeitspaket umfasst in der Regel sämtliche Vorgänge, die inhaltlich zusammengehören und die in einer organisatorischen Einheit durchgeführt werden sollen. Das Formular auf der gegenüberliegenden Seite beschreibt ein Arbeitspaket des Internetprojekts.

Es ist wichtig, dass für jedes Arbeitspaket ein konkretes Zielergebnis festgelegt wird (Dokumente, Bauelemente und Ähnliches). Im Rahmen der Planung der Arbeitspakete findet auch eine erste Aufwandsschätzung statt.

Arbeitspaket (Beispieldefinition)

Arbeitspaketplanung	
Projekt:	**Überarbeitung des Internetauftritts**
Arbeitspaket:	**Ist-Analyse Webauftritt**
Verantwortlich:	
1. Abgrenzung, Inhalt und Umfang	
Analyse der Ist-Situation des bisherigen Web-Auftritts der Hotelgruppe unter Berücksichtigung der angestrebten Ziele und vorhandener Verbesserungs- und Erweiterungspotenziale	
2. Erwartete Ergebnisse	
• Inhaltsbeschreibung (Dokumentation) • Benutzerprofilanalyse (Anteil der Neukunden, Häufigkeit des Zugriffs durch Stammkunden) • Bericht zur Akzeptanz des Webdesigns (Kundenbefragung) • Beschreibung der Funktionalität (Datenbankunterstützung)	
3. Abstimmung mit anderen Arbeitspaketen	
Ist-Analyse ist die Basis zur Entwicklung eines Soll-Konzepts	
4. Einzuhaltende Spezifikationen	
QS-Richtlinien der Hotelgruppe für Websites	
5. Kapazitätsbedarf	
Vier Personenwochen	
6. Ecktermine	
• Geplanter Beginn der Arbeiten: • Geplantes Ende der Arbeiten:	

Vom Strukturplan zur Ablaufplanung – Balkendiagramme und Netzpläne als nützliche Hilfsmittel

Reihenfolgeplanung der Arbeitspakete

Nachdem feststeht, was alles im Rahmen der Projektarbeit zu tun ist, kann die Reihenfolge geplant werden, in der die Arbeitspakete umgesetzt werden sollen. Dazu wird ein Projektablaufplan erstellt. Auf dieser Basis kann dann weiter ins Detail gegangen und eine Projektterminplanung vorgenommen werden.

Projektablaufplan entwickeln

Zur Erstellung des Ablaufplans muss vor allem geklärt werden, in welcher Reihenfolge die Arbeitspakete umgesetzt werden und ob bestimmte Arbeitspakete parallel ausgeführt werden können. Die Ablaufplan kann als Vorgangsliste oder in grafischer Form dargestellt werden. Ausgehend vom Strukturplan, wurde für unser Internetprojekt die folgende Ablaufplanung entwickelt:

Ablaufplan (Beispiel)

Nr.	Vorgang	Dauer (Wochen)	Unmittelbarer Vorgänger
1	Grobe Vorstudie	1	–
2	Ist-Analyse	4	1
3	Pflichtenhefterstellung	2	2
4	Auftragserteilung	3	3
5	Entwurf »Geschäftsprozesse«	7	4
6	Datenmodellierung	3	5
7	Entwurf »Webdesign«	2	5
8	Entwurf »Organisation«	3	5
9	Infrastrukturplanung	4	6
10	Entscheidungssitzung	1 Tag	9; 8; 7
11	Screen-Design »Disposition«	6	10
12	Screen-Design »Marketing«	8	10
13	Screen-Design »Zusatzleistungen«	6	10
14	Screen-Design »Intranet«	10	10
15	Anlageninstallation	3	11; 12; 13; 14
16	Datenbankanbindung	3	15
17	Programmierarbeiten	2	16
18	Programminstallation und Abnahme	2	17; 14
19	Personalausbildung	4	14
20	Personaleinweisung	1	19;18
21	Produktivstart	1	20;18

Die Entwicklung einer Vorgangsliste aus einem Projektstrukturplan geschieht nach dem folgenden Muster:

Vorgangsliste entwickeln

- Die Arbeitspakete werden als Vorgänge übernommen.
- Tragen Sie die Vorgänge in der Reihenfolge der Abarbeitung ein und schätzen Sie ihre Dauer.
- Betrachten Sie den Zusammenhang zwischen den einzelnen Vorgängen: In der Spalte *Unmittelbarer Vorgänger* werden die Vorgänge eingetragen, die erledigt sein müssen, um mit der Arbeit an dem jeweiligen Vorgang beginnen zu können. So setzt die Datenbankanbindung (Vorgang 16) voraus, dass die Anlage installiert ist (Vorgang 15).

Projektterminpläne als Balken- oder Netzplandiagramm erstellen

Zur Terminplanung wird nun auf Ergebnisse der Ablaufplanung und eventuell der Bedarfsplanung zurückgegriffen. Für eine genaue Berechnung von Projektterminen muss zumindest der **Startzeitpunkt** oder der späteste **Endzeitpunkt** feststehen. Hiervon ausgehend kann unter Berücksichtigung der Abfolge und der geschätzten Dauer der einzelnen Arbeitspakete berechnet werden,

Termine für das Projekt planen

- wann das Gesamtprojekt abgeschlossen ist (frühester Endtermin),
- zu welchen Terminen bestimmte Vorgänge (Arbeitspakete) beginnen können und wann diese abgeschlossen sind,
- wann die festgelegten Meilensteine erreicht sein werden,
- wo Pufferzeiten liegen,
- wann welche Arbeitsergebnisse vorliegen müssen und
- wo sich der kritische Pfad befindet.

Die **Darstellung des zeitlichen Ablaufs** kann als tabellarische Terminliste, als Balkendiagramm oder als Netzplan erfolgen.

Tabellarische Terminliste

Für einfache Projekte genügt eine tabellarische Liste, die die Arbeitspakete in der Reihenfolge der Bearbeitung mit Anfangs- und Endterminen (unter Umständen auch unter Berücksichtigung der Ressourcen) enthält.

Tabellarische Terminliste

	ⓘ	Vorgangsname	Dauer	Anfang	Ende
1		Grobe Vorstudie	1 Woche	Mo 04.02.02	Fr 08.02.02
2		Ist-Analyse	4 Wochen	Mo 11.02.02	Fr 08.03.02
3		Pflichtenhefterstellung	2 Wochen	Mo 11.03.02	Fr 22.03.02
4		Auftragserteilung	3 Wochen	Mo 25.03.02	Fr 12.04.02
5		Entwurf "Geschäftsprozesse"	7 Wochen	Mo 15.04.02	Fr 31.05.02
6		Datenmodellierung	3 Wochen	Mo 03.06.02	Fr 21.06.02
7		Entwurf "Webdesign"	2 Wochen	Mo 03.06.02	Fr 14.06.02
8		Entwurf "Organisation"	3 Wochen	Mo 03.06.02	Fr 21.06.02
9		Infrastrukturplanung	4 Wochen	Mo 24.06.02	Fr 19.07.02
10		Entscheidungssitzung	1 Tag	Di 22.07.02	Mo 22.07.02
11		Screen-Design "Disposition"	6 Wochen	Di 23.07.02	Mo 02.09.02
12		Screen-Design "Marketing"	8 Wochen	Di 23.07.02	Mo 16.09.02
13		Screen-Design "Zusatzleistungen"	6 Wochen	Di 23.07.02	Mo 02.09.02
14		Screen-Design "Intranet"	10 Wochen	Di 23.07.02	Mo 30.09.02
15		Anlageninstallation	3 Wochen	Di 01.10.02	Mo 21.10.02
16		Datenbankanbindung	3 Wochen	Di 22.10.02	Mo 11.11.02
17		Programmierarbeiten	2 Wochen	Di 12.11.02	Mo 25.11.02
18		Programminstallation und Abnahme	2 Wochen	Di 26.11.02	Mo 09.12.02
19		Personalausbildung	4 Wochen	Di 01.10.02	Mo 28.10.02
20		Personaleinweisung	1 Woche	Di 10.12.02	Mo 16.12.02
21		Produktivstart	1 Woche	Di 17.12.02	Mo 23.12.02

Vorgehensweisen zur Terminberechnung

Üblich sind folgende Berechnungen:

- Ermittlung der frühestmöglichen Startzeitpunkte vom ersten bis zum letzten Vorgang (progressiver Berechnungsmodus).
- Alternativ ist eine Rückwärtsrechnung von der letzten Aktivität bis zum Startvorgang möglich (retrograder Berechnungsmodus, Ermittlung spätester Anfangs- und Endtermine).
- Aus der Addition der Einzeldauern aufeinander folgender Schritte ergibt sich das Projektende. Der Projektendtermin wird durch den kritischen Pfad bestimmt.

Balkendiagramm

Darstellung als Balkendiagramm

Mit der Balkendiagrammdarstellung lassen sich verschiedene Projektaktivitäten innerhalb einer Zeitspanne veranschaulichen und vergleichen. Jedes Arbeitspaket wird durch einen waagerecht verlaufenden Balken dargestellt, dessen Länge die Dauer kennzeichnet. An einer Zeitachse wird der gesamte Ablauf eines Projekts auf einem Blick erkennbar.

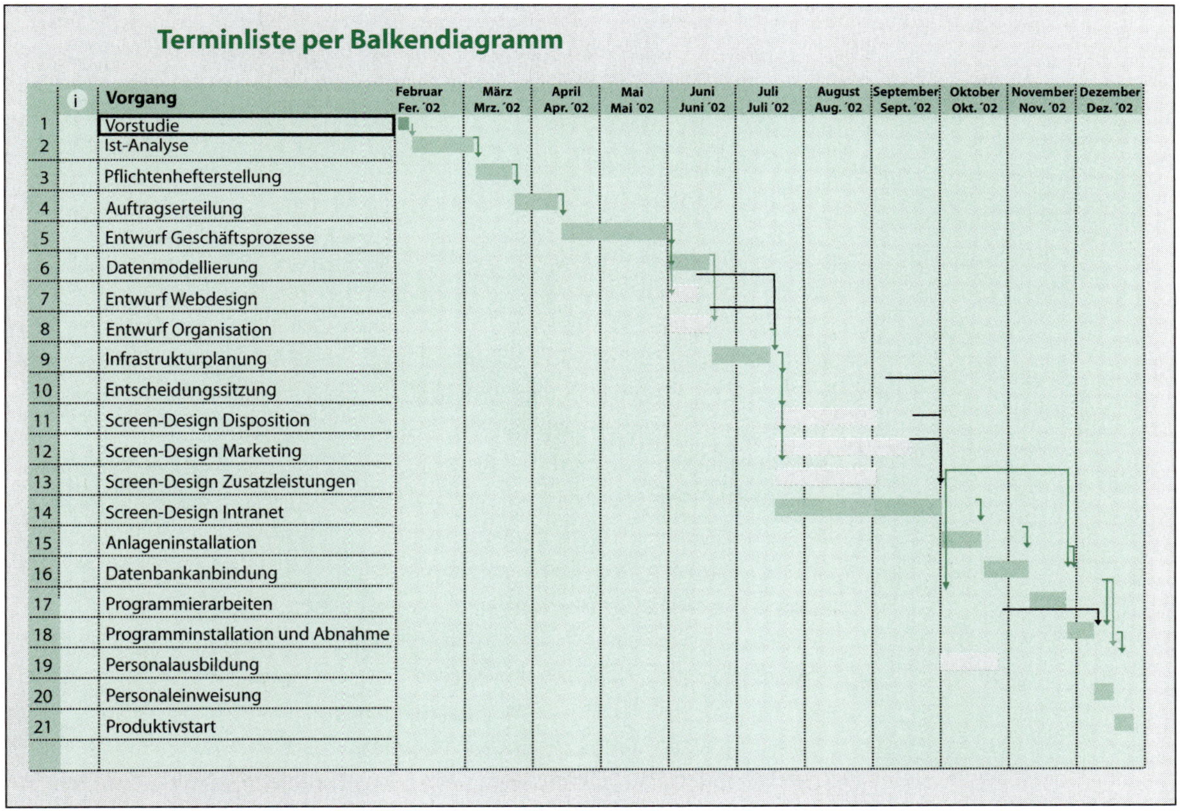

Diese Darstellung zeigt, wo sich Aktivitäten überlappen, welche Bedeutung die verschiedenen Aufgaben für die Einhaltung der gesetzten Termine haben (veranschaulicht durch unterschiedliche Farben und Symbole) und wo sich der kritische Pfad befindet. Vorgänge, die auf dem kritischen Pfad liegen, sind in roter Farbe dargestellt.

Vorteile eines Balkendiagramms

Der kritische Pfad ist von besonderer Bedeutung für das Projektmanagement. Alle Aktivitäten, die auf diesem Pfad liegen, erfordern eine verstärkte Aufmerksamkeit der Projektleitung. Eine Verzögerung bei diesen Aktivitäten führt unmittelbar zu einem Zeitverzug für das gesamte Projekt. Alle anderen Aktivitäten verfügen über einen zeitlichen Puffer.

Im Vergleich zu anderen Darstellungsformen hat das Balkendiagramm den Vorteil, dass es sehr anschaulich eine Vielzahl wichtiger Planungsinformationen wiedergibt. Der Projektablauf wird in seiner Gesamtheit sichtbar, der Fortschritt kann gezeigt werden, und der Ressourceneinsatz lässt sich sehr gut planen. Allerdings gibt es auch einen Nachteil: Die Abhängigkeiten zwischen den einzelnen Vorgängen werden nicht erkennbar.

Netzpläne

Netzplan um Projekttermine darzustellen

Die Netzplantechnik ist eine bewährte Planungsmethode. Sie umfasst eine Reihe von Verfahren zur Analyse, Planung, Steuerung und Überwachung von Projektabläufen. Die Projektablaufstrukturen werden in eine grafische Darstellung überführt, die die logische und zeitliche Abhängigkeit der Vorgänge veranschaulicht. Zeiten, Kosten, Ressourcen und weitere Einflussgrößen werden erfasst und entsprechende Berechnungen durchgeführt.

Bei der Netzplantechnik handelt es sich meist um ein **computergestütztes Verfahren**. Der Netzplan baut auf einer Vorgangsliste auf, die alle Arbeitspakete, die geschätzten Zeitwerte und die Abfolgebeziehungen enthält. Es gibt verschiedene Verfahren der Netzplantechnik, allen ist jedoch ein Grundprinzip gemein: die vernetzte, grafische Darstellung sämtlicher Arbeitspakete.

Je nach der verwendeten Netzplanmethode lassen sich unterschiedliche Abfolgebeziehungen sichtbar machen. Einige Programme erlauben nur die Darstellung so genannter Ende-Start-Beziehungen, während andere auch Überlappungen zwischen einzelnen Tätigkeiten erkennbar machen. Die Tabelle auf der gegenüberliegenden Seite zeigt wesentliche Abfolgebeziehungen.

Anordnungsbeziehungen

Eine Anordnungsbeziehung gibt die Beziehung zwischen zwei Vorgängen wieder, bei der der Beginn oder das Ende eines Vorgangs vom Beginn oder Ende eines anderen Vorgangs abhängt. Der Vorgang, der von dem anderen Vorgang abhängt, ist der Nachfolger, und der Vorgang, von dem er abhängt, wird als Vorgänger bezeichnet. Wenn Sie eine Verknüpfung zwischen zwei Vorgängen erstellen, werden Anfangs- und Endtermin des Nachfolgers basierend auf dem Anfangs- oder Endtermin des Vorgängers, der Art der Beziehung und der Dauer des Nachfolgers ermittelt.

Ablauffolgen im Netzplan – Varianten

Mögliche Ablauffolgen im Netzplan	
Ablauf	**Darstellung**
Vorgang B folgt auf Vorgang A, sobald dieser abgeschlossen ist.	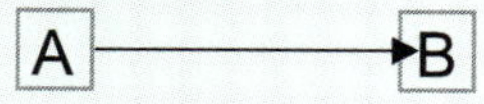
Die Vorgänge B, C und D beginnen nach Ende von Vorgang A.	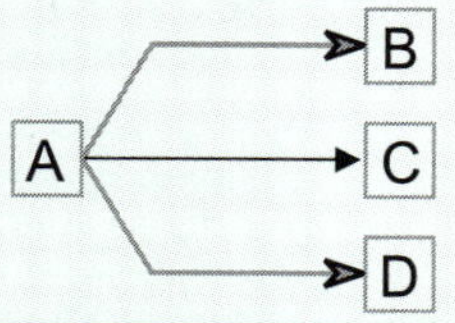
Der Vorgang D beginnt erst, wenn die Vorgänge A, B und C beendet sind.	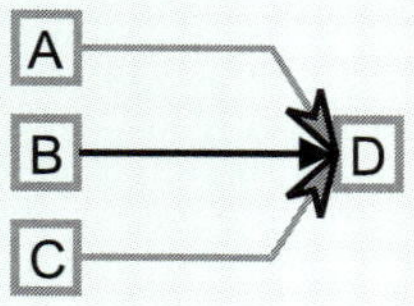
Der Vorgang D läuft parallel zu den Vorgängen B und C ab. E beginnt erst, wenn C und D abgeschlossen sind.	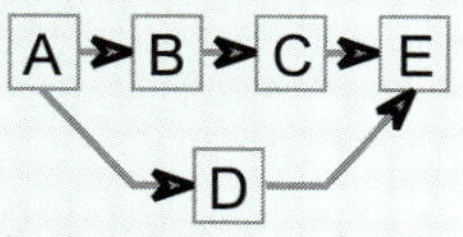
Die Vorgänge A und C laufen gleichzeitig ab. B kann erst beginnen, wenn A und C beendet sind. D beginnt erst, wenn C abgeschlossen ist, unabhängig davon, ob A abgeschlossen ist.	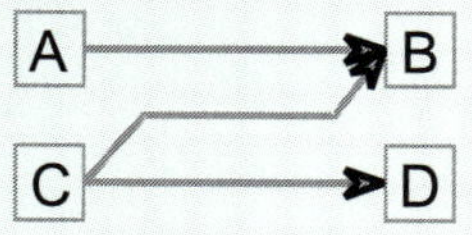

Verknüpfungsarten

Meist werden Vorgangsverknüpfungen vom Typ Ende–Anfang (EA) vorgenommen, wobei zunächst ein Vorgang abgeschlossen sein muss, bevor der nächste beginnen kann. Eine Verknüpfung dieser Art ist jedoch in manchen Fällen nicht sinnvoll. Sie können daher auch andere Verknüpfungsarten wählen, wie beispielsweise Anfang-Anfang (AA) oder Ende-Ende (EE). Die verschiedenen Optionen werden als Anordnungsbeziehungen bezeichnet

Anordnungsbeziehung	**Erläuterung**
Ende–Anfang (EA)	Ein Vorgang beginnt, wenn ein anderer beendet ist.
Anfang–Anfang (AA)	Zwei Vorgänge beginnen zum gleichen Zeitpunkt.
Ende–Ende (EE)	Ein Vorgang endet zum gleichen Zeitpunkt wie ein anderer Vorgang.

Bedeutung von Anordnungsbeziehungen

Eine besondere Bedeutung kommt den Anordnungsbeziehungen zu, wenn mehrere, gleichzeitig ablaufende Vorgänge oder Teilprojekte die gleichen Ressourcen nutzen. Analysieren Sie die Abhängigkeiten der einzelnen Vorgänge und optimieren Sie ihre Lage durch Variation der Anordnungsbeziehungen im Rahmen eines integrierten Zeit- und Ressourcenmanagements.

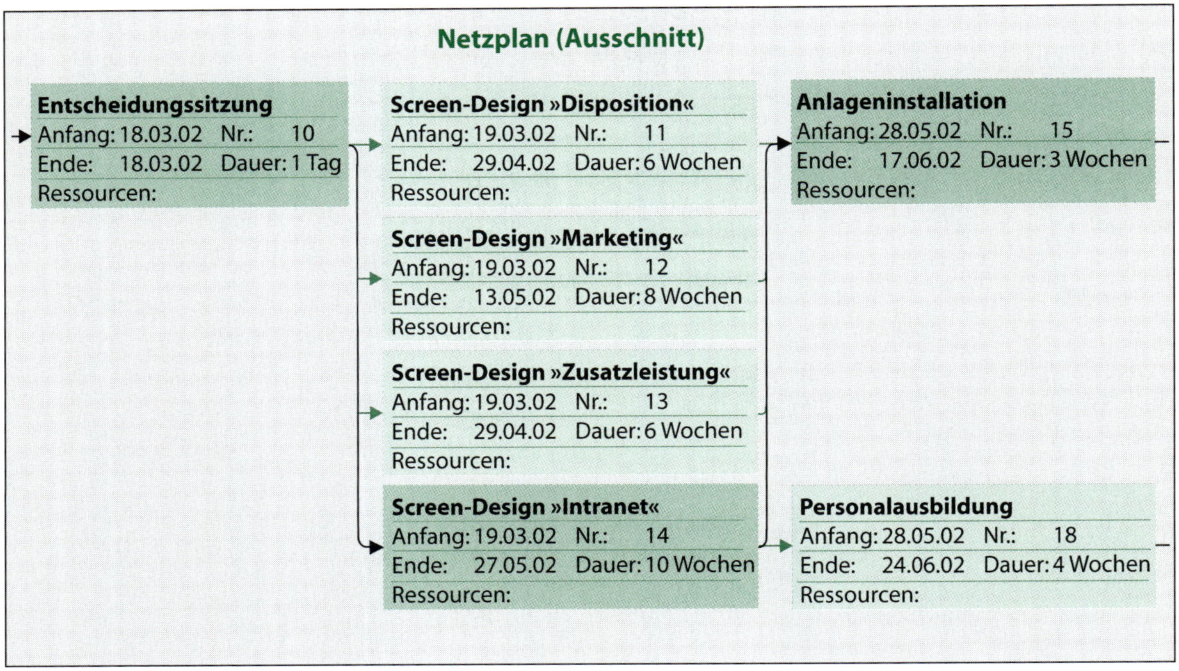

Durch die Addition der Vorgangszeiten von einem Startzeitpunkt aus entlang des kritischen Pfades ergibt sich der voraussichtliche Abschlusstermin des Projekts.

Vorteile von Netzplänen

Mit der Netzplantechnik lassen sich Zeitreserven für die Projektsteuerung ermitteln, indem der kritische Pfad und Pufferzeiten für die einzelnen Vorgänge berechnet werden. Vorgänge, die über keinerlei Zeitreserven verfügen, werden als kritische Vorgänge bezeichnet und bilden in einem Netzplan den kritischen Pfad. Jede Verzögerung auf diesem Pfad hat zur Folge, dass das ursprünglich geplante Projektende hinausgeschoben werden muss.

Vorgänge mit Zeitreserven verfügen über so genannte Pufferzeiten. Unterschieden werden dabei die gesamte und die freie Pufferzeit

Pufferzeiten-Varianten

- **Gesamte Pufferzeit:** Die Zeitspanne zwischen frühester und spätester Lage eines Vorgangs. Gesamte Pufferzeiten geben maximale Bewegungsspielräume an, die ohne Auswirkungen auf die Projektdauer ausgenutzt werden können.
- **Freie Pufferzeit:** Die Zeitspanne, um die ein Vorgang gegenüber seiner frühesten Lage verschoben werden kann, ohne die früheste Lage anderer Vorgänge zu beeinflussen.

Planung der Ressourcen

Ressourcenbedarf planen

Neben den Arbeitspaketen und Terminen müssen die zur Durchführung eines Projekts benötigten Ressourcen geplant werden. Dabei kommt es neben der Festlegung des Bedarfs auf die Planung des Ressourceneinsatzes an. **Ressourcen** sind alle Personen und Sachmittel, die zur Durchführung der Projektaktivitäten benötigt werden:

- Eigenpersonal,
- Fremdpersonal,
- Investitionsgüter und sonstige Sachmittel,
- Räume.

Ressourceneinsatz planen

Die Ressourcenplanung erfolgt, ausgehend vom Projektstrukturplan, indem der Bedarf an Mitarbeitern und Sachmitteln für jedes Arbeitspaket bestimmt wird. Ist dies geschehen, kann der Ressourceneinsatz in zeitlicher Hinsicht geplant werden. Jetzt muss der Bedarf mit der Verfügbarkeit der Ressourcen in Einklang gebracht werden.

Kostenplanung im Projekt – nicht einfach, aber es gibt Wege

Die Kostenplanung geht von den Daten der Aufwandsschätzung und Terminplanung aus. Unter Verwendung geeigneter Multiplikatoren (zum Beispiel Stundensätze für die Arbeit der Projektmitarbeiter) werden die angesetzten Arbeitsstunden in Geldwerte umgerechnet. So ergeben sich die voraussichtlichen Kosten des Projekts, und auch der Kostenverlauf wird sichtbar.

Kostenarten ermitteln

Erstellen Sie möglichst eine umfassende Vollkostenrechnung, in der alle direkten und indirekten Kosten des Projekts erfasst werden. Die Gliederung der kalkulationsrelevanten Teileinheiten sollte auf der vorliegenden Projektstruktur aufbauen. Folgende Kostenarten sind in der Regel relevant:

Projektkostenarten (Checkliste zur Ermittlung)	
Einzelkosten	
Personalkosten	• Löhne oder Gehälter • Personalnebenkosten • Prämien • Fort- und Weiterbildung
Materialkosten	• Archivierungsmedien • Folien, Flipchartblocks • Moderationsmaterial
Reisekosten	• Kilometergeld • Bahn- oder Flugreisen • Übernachtung • Spesen
Fremdleistungen	• Beratung • Externe Mitarbeiter
Versicherungen	• direkt abgeschlossene Versicherungsleistung
Raumkosten	• Miete (direkt und kalkulatorisch) • Raumnebenkosten • Einrichtungskosten
Gemeinkosten	
Verwaltungskosten	• Geräte (anteilige Abschreibungen für Computer, Kopierer und anderes) • Kommunikationskosten • Projektmanagement (Software)
Zentrale Dienstleistungen	• Personalwesen • Finanz- und Rechnungswesen • Qualitätsmanagement
Raummiete	Anteilig für Büroräume, Schulungsräume, Besprechungsräume oder Lager

Die beste Grundlage für eine exakte Kostenplanung ist ein Projektstrukturplan mit genau definierten Arbeitspaketen. Auf Basis der darin enthaltenen Daten kann eine so genannte **Schätzklausur** durchgeführt werden: Das Projektteam

Arbeitsaufwand schätzen

unterzieht (möglicherweise unterstützt von externen Fachleuten) die einzelnen Arbeitspakete einer detaillierten Analyse. Zunächst werden die Personentage oder -wochen für jedes Arbeitspaket festgelegt. Diese Mengenwerte werden dann, ausgehend von den kalkulatorischen Lohn- und Gehaltsdaten, in Personalkosten umgesetzt. Ähnliches gilt für die anderen Kostenarten.

Projektfinanzplan

Die Ergebnisse der Kostenplanung münden in eine umfassende **Projektfinanzplanung**, im Rahmen derer entschieden wird, wann welche Finanzmittel für welche Zwecke bereitgestellt werden. Zu ihren Aufgaben zählen das Sicherstellen einer wirtschaftlichen Projektfinanzierung durch frühzeitiges Planen und rechtzeitiges Bereitstellen von Finanzmitteln, die Abbildung der Zahlungsströme, die durch das Projekt verursacht werden, sowie die Integration der Projektfinanzplanung in die Gesamtfinanzplanung der Unternehmung.

Qualitätsplanung – so sichern Sie die Qualität Ihrer Arbeit

Qualitätsmanagement in Projekten

Die Sicherung der Qualität der Projektergebnisse ist eine wesentliche Aufgabe des Projektmanagements. Nur so kann erreicht werden, dass die Auftraggeber zufrieden sind, keine Folgekosten (Nachbearbeitung, Reparaturen, Rücknahmen) anfallen, kein Imageverlust entsteht und die Motivation der Projektmitarbeiter erhalten bleibt.

Qualitätsplanung bedeutet, Qualitätsmaßstäbe festzulegen. Dies ist für Projektergebnisse aufgrund des mehr oder minder hohen Innovationsgrads von Projekten nicht immer einfach. Sowohl die objektiv messbare als auch die subjektiv wahrgenommene Qualität eines Produkts wird durch viele Faktoren bestimmt. Die folgende Abbildung zeigt einige Dimensionen von Qualität:

Dimensionen der Qualität

Produktqualität
- technische Qualität
- Design- und Anmutungsqualität

Fertigungsqualität
- Materialqualität
- Technologiequalität

Kontaktqualität
- Kommunikationsqualität
- Qualität von Service und Kundenbetreuung

interne Prozessqualität
- Organisationsqualität
- Kooperations- und Koordinationsqualität

Projektqualitätsplan

Die Projektleitung sollte sich rechtzeitig mit dem Auftraggeber über die Qualitätsmerkmale verständigen. Nur so kann sichergestellt werden, dass das Projekt ein den Erwartungen entsprechendes Ergebnis erbringt.

Der **Projektqualitätsplan** wird von der Projektleitung erstellt und enthält eine Auflistung der im Projekt vorgesehenen qualitätssichernden Maßnahmen einschließlich der Verantwortlichkeiten und Termine.

Projektqualitätsplan (Beispielgliederung)

Maßnahmen zur Qualitätssicherung	Verantwortlichkeiten	Termine
Richtlinien erstellen bezüglich ● Design ● Organisation		
● Workshops, Berichte und verschiedene Prüfungen (Reviews) ● Workshops zur Ermittlung der qualitativen Anforderungen (QFD-Workshop, Quality Function Deployment) ● Zwischenergebnisse prüfen ● Realisierte Inhalte (Abschlussworkshop)		
● Testdaten und Tests festlegen ● Funktionstests ● Ergonomietests		
QS-Schulungsmaßnahmen		

Tipps zur Qualitätsplanung

Formulieren Sie die Projektdefinition bereits unter Qualitätsgesichtspunkten und nutzen Sie die Meilensteine zur Überprüfung des Qualitätsstands. Der Projektqualitätsplan wird vom Projektleiter mit dem Auftraggeber, dem Projektteam sowie möglicherweise einem im Projektauftrag festgelegten QS-Beauftragten erarbeitet. Als Grundlage dienen die Projektanforderungen. Abschließend noch einige Ratschläge für die Praxis:

- Das projektbegleitende Qualitätsmanagement sollte vorbeugend verstanden werden und von Beginn des Projektes an dafür sorgen, dass die dem Auftraggeber zugesagte oder vom Markt verlangte Qualität erreicht wird.

- Die Festlegung der Qualitätsziele sollte in enger Abstimmung mit dem Auftraggeber erfolgen.
- QS-Beauftragte können eine wichtige Rolle im Qualitätsmanagement von Projekten übernehmen. Dennoch: Qualität ist nicht nur eine Sache des Qualitätsbeauftragten, sondern sie geht jeden Mitarbeiter an.

Projektrisiken

Risikomanagement in Projekten

Projektmanagement ist auch **Risikomanagement**. Die Projektleitung sollte unter Einsatz ausgewählter Techniken und Verfahren versuchen, Risiken im Vorfeld zu erkennen und Problemen vorzubeugen. Die folgende Übersicht zeigt die verschiedenen Tätigkeiten, die ein professionelles Risikomanagement umfasst:

Risiken im Projekt identifizieren

In der Praxis beschränkt sich Risikomanagement oft auf die Risikoanalyse. Wichtig ist aber letztlich das Herausarbeiten von Maßnahmen zur Risikovorbeugung. Wie kann mit den erkannten Risiken umgegangen werden? Bei der **Identifizierung von Risiken** können einige Fragen helfen:

- **Zum Produkt:** Sind die formulierten Projektziele klar und operational formuliert? Bietet das geplante Produkt alle erforderlichen Funktionen?
- **Terminliche Risiken:** Sind die Terminpläne realistisch? Wurden Meilensteine fixiert? Haben Sie alle kritischen Vorgänge erkannt?

- **Kosten:** Wie realistisch ist die Kostenplanung? Ist sie mit der Zeit- und Ressourcenplanung abgestimmt?
- **Personelle Risiken:** Kann die Projektleitung ihren Aufgaben gerecht werden? Sind die Mitglieder des Projektteams qualifiziert, verfügen sie über den notwendigen Zeitrahmen zur Bewältigung der Aufgaben und funktioniert die Zusammenarbeit?
- **Akzeptanz:** Werden die Projektziele von den Stakeholdern unterstützt?
- **Projektorganisation:** Sind die Befugnisse klar geregelt? Hat die Projektleitung ausreichende Entscheidungsbefugnisse? Ist die Einbindung der Projektgruppe in die Unternehmenshierarchie zweckmäßig? Ist die Kooperation mit externen Fachkräften und Beratern ausreichend über eine klare vertragliche Leistungsvereinbarung sichergestellt?

Identifizierte Projektrisiken einschätzen

Identifizierte Risiken können hinsichtlich der Wahrscheinlichkeit ihres Eintretens, der Tragweite der entstehenden Probleme und bezüglich des Aufwands der Problemvermeidung eingeschätzt werden. Hiervon ausgehend lassen sich verschiedene vorbeugende und akute Strategien entwickeln.

Maßnahmen zur Risikovorsorge (= Risikobehandlung)

Risikofaktoren	Maßnahmen zur Risikovorbeugung	Verantwortlich, Termin
Mangel an geeignetem Teampersonal	• Schulungen durchführen • Fördermaßnahmen zur Teamentwicklung • externe Spezialisten hinzuziehen	
Unrealistische Kosten- und Zeitpläne	• Ausarbeitung detaillierterer Pläne • Durchführung von Schätzklausuren • Hinzuziehen von Experten	
Unzureichende Benutzerakzeptanz	• Frühzeitige Einbindung der Endbenutzer in der Entwicklungsphase (QFD-Workshops) • Prototypen erstellen • Konsequentes Change-Management betreiben	

Kapitel 6
Projektarbeit ist Teamarbeit

Erfolgreiche Kooperation sichern

Teamentwicklungsprozesse – typische Phasen und notwendige Konsequenzen

In fast allen Projekten gibt es Durststrecken. Die Motivation der Teammitglieder kann im Laufe der Zeit nachlassen oder der Auftraggeber ist mit einem Zwischenergebnis unzufrieden. In diesen Fällen – aber auch zur Vorsorge – ist eine besondere Teamentwicklungsarbeit erforderlich. Die Teamentwicklung in Projekten vollzieht sich in mehreren Phasen:

Phasen der Teamentwicklung

1. **Formierungsphase:** Die Zusammenarbeit beginnt. Aufgrund bestehender Unsicherheiten kommt oft bereits in dieser Phase der Wunsch nach einer Präzisierung der Ziele und nach der Formulierung von Regeln für die Zusammenarbeit auf.
2. **Konfliktphase:** Im Verlauf des Projekts kommen Machtkämpfe und Konflikte im Projektteam zum Vorschein. Spätestens jetzt sollten Regeln für die Zusammenarbeit gesetzt und Konflikte möglichst so gelöst werden, dass sie letztlich eine positive Wirkung auf die Projektarbeit ausüben.
3. **Normierungsphase:** Vereinbarte Regeln werden umgesetzt und angepasst, Gewohnheiten und »Rituale« bilden sich heraus. Im Idealfall entsteht ein Wir-Gefühl.
4. **Leistungsphase:** In dieser Phase ist die Belastung durch personelle und kommunikative Probleme gering, die Gruppe ist eingespielt und die Lösung der Projektaufgaben steht im Vordergrund. Teammitglieder können Aufgaben eigenständig bearbeiten. Kommunikations- und Entscheidungsprozesse laufen in geregelter und von allen akzeptierter Form ab.
5. **Abschlussphase:** In der Abschlussphase erfolgt die Präsentation der Projektergebnisse, die Abnahme und die Implementierung der erarbeiteten Lösung. Danach wird das Projektteam aufgelöst. Die Projektleitung sollte darauf achten, dass dem Abschiednehmen ein angemessener Rahmen gegeben wird.

Teamentwicklung als Prozess

Diese fünf Phasen machen schematisch den Ablauf der Teamentwicklung deutlich. In der Praxis handelt es sich natürlich um einen kontinuierlichen Prozess, Konflikte können zu jedem Zeitpunkt entstehen. Das Modell zeigt, dass die Kooperation im Team von entscheidender Bedeutung für den Erfolg von Projekten ist. Hinzu kommen weitere Kooperationspartner wie Auftraggeber (Kunden, Geschäftsführung), Abteilungs- und Gruppenleiter anderer Abteilungen sowie Kolleginnen und Kollegen der Projektmitarbeiter.

Probleme in der Projektarbeit sind oft auf Schwierigkeiten beim Informationsaustausch zwischen den Beteiligten zurückzuführen. Wichtig ist deshalb ein optimales Beziehungsmanagement zu allen Kooperationspartnern und ein sorgfältig abgestimmter Informationsaustausch. Je nach Kooperationspartner ist ein angepasstes und differenziertes Kooperationsverhalten erforderlich.

Was macht eine erfolgreiche Kooperation und Kommunikation im Projekt aus?

Gruppenklima einschätzen

Speziell beim Arbeiten im Projektteam sollte sich die Projektleitung in regelmäßigen Abständen eine genauere Kenntnis über das Klima verschaffen, das in der Gruppe herrscht. Wird die Gruppenatmosphäre richtig eingeschätzt, kann durch das Einleiten von Maßnahmen zu einer Optimierung der Teamarbeit beigetragen werden.

Es ist nicht ausgeschlossen, dass die einzelnen Mitarbeiter die Gruppensituation unterschiedlich wahrnehmen. Deshalb reichen Einzelgespräche nicht aus. Genauere Auskunft erhält die Projektleitung indem sie alle Gruppenmitglieder befragt. Dies kann durch eine Gruppenabfrage im Plenum oder mit Hilfe eines Fragebogens geschehen, den die Mitarbeiter anonym ausfüllen. Die Auswertung der Ergebnisse sollte in einer gemeinsamen Sitzung erfolgen, um Ideen zur weiteren Optimierung des Gruppenklimas zu sammeln. Einen Fragebogen zur Erhebung der Arbeitsatmosphäre im Projektteam finden Sie auf der nächsten Seite.

Teamkultur ist nicht selbstverständlich, sondern muss erarbeitet werden. Es hat sich bewährt, zum Projektbeginn klare Regeln für das Zusammenwirken der Teammitglieder zu vereinbaren und zu fixieren.

Fragebogen zum Arbeitsklima im Projektteam

Projektbezeichnung		Datum:
Projekt-Nr:		
Auftraggeber:		
Erstellt von:		

1. Nennen Sie drei wesentliche Merkmale, die aus Ihrer Sicht die Arbeitsatmosphäre im Projektteam kennzeichnen!

2. Sind aus Ihrer Sicht die Rollen und Zuständigkeiten der Teammitglieder zufriedenstellend geklärt?

nicht zufriedenstellend 1 2 3 4 5 6 7 8 9 voll zufriedenstellend

3. Wird in der Projektgruppe ausreichend Zeit investiert, um die Qualität der Zusammenarbeit zu diskutieren und zu optimieren?

völlig ungenügend 1 2 3 4 5 6 7 8 9 Optimal

4. Wie zufrieden sind Sie mit dem Informationsfluss in der Projektgruppe?

nicht zufrieden 1 2 3 4 5 6 7 8 9 sehr zufrieden

5. Wie zufrieden sind Sie mit der Qualität der Projektbesprechungen?

nicht zufrieden 1 2 3 4 5 6 7 8 9 sehr zufrieden

6. Sind die Mitglieder bereit, an dem Erreichen der definierten Projektziele mitzuarbeiten?

geringe Motivation 1 2 3 4 5 6 7 8 9 hohe Motivation

7. Im Projektteam werden Entscheidungen nach ausreichender Problemerörterung meist auf der Basis von Übereinstimmung getroffen.

trifft nicht zu 1 2 3 4 5 6 7 8 9 trifft zu

8. In Teamsitzungen werden Meinungsverschiedenheiten offen diskutiert, individuelle Standpunkte berücksichtigt, Problemlösungen herbeigeführt.

trifft nicht zu 1 2 3 4 5 6 7 8 9 trifft zu

9. Unterbreiten Sie stichwortartig drei Vorschläge zur weiteren Verbesserung des Arbeitsklimas im Projektteam!

Teamkultur schaffen

Spielregeln für das Zusammenwirken der Teammitglieder im Projekt

- Jedes Teammitglied bringt allen Personen, mit denen es zusammenarbeitet, Wertschätzung und Vertrauen entgegen. Jeder erkennt den anderen als gleichwertigen Partner an.
- Termine, die in der Gruppe vereinbart werden, müssen unbedingt eingehalten werden. Die Gruppentreffen beginnen pünktlich.
- Entscheidungen, die im Team getroffen werden, sollten von allen Teammitgliedern akzeptiert und nach außen vertreten werden.
- In Gesprächsrunden hat jedes Teammitglied das Recht, ausreden zu dürfen. Falls sich daraus Probleme ergeben, können Redezeiten vereinbart werden.
- Jedes Teammitglied spricht zunächst für sich selbst. Insbesondere Kritik wird in Ich-Form ausgedrückt. Es soll durchaus im Team kritisiert, aber nicht getadelt werden.
- Meinungsverschiedenheiten im Team sollten als Informationsquelle und nicht als Störfaktor betrachtet werden.
- Alle Teammitglieder hören bei Besprechungen konzentriert zu. Zuhören ist genauso wichtig wie Reden.
- Besprechungen und Diskussionen sollten nicht von einzelnen Personen dominiert werden. Es wird eine Beteiligung aller erwartet, Meinungen sollen ständig herausgefordert und geäußert werden.
- Moderation und Protokollführung von Teamsitzungen werden abwechselnd von jedem Teammitglied übernommen.
- Das Projekt betreffende Informationen (Aufträge, Arbeitsergebnisse, Entscheidungen) werden allen Teammitgliedern mitgeteilt. Die Unterlagen können von allen jederzeit eingesehen werden (was etwa durch die Einrichtung eines Projektarbeitsbereiches auf einem Webserver erleichtert wird).
- Die Aufgabenbereiche und Aktivitäten jedes Teammitglieds im Projekt müssen allen bekannt sein. Dazu werden der Vorgehensplan im Projekt und der Tätigkeitskatalog zugrunde gelegt.
- Entscheidungen, Diskussions- und Arbeitsergebnisse müssen laufend festgehalten und durch geeignete Darstellungen sichtbar gemacht werden.
- Die Einhaltung der Regeln muss überprüft werden. Wenn nötig, müssen sie erneut diskutiert werden.

Beachten Sie außerdem: Die Zahl der internationalen Projekte steigt. International ausgerichtete Projekte erfordern vom Projektmanagement ein besonderes Wissen. Dies betrifft insbesondere die Teamarbeit, denn es müssen nun weitere Spielregeln geschaffen werden, um Personen aus verschiedenen Kulturen in das Projektvorhaben einzubinden und zu einem harmonierenden Team zu formen.

Besprechungen sind wichtig – aber gut geführt und richtig dosiert

Projektbesprechungen sind ein wichtiges Mittel der Projektleitung

Im Verlauf der Projektarbeit sind zahlreiche Besprechungen erforderlich. Ihre Art und die entsprechenden Zeitpunkte in den einzelnen Phasen illustriert die folgende Abbildung:

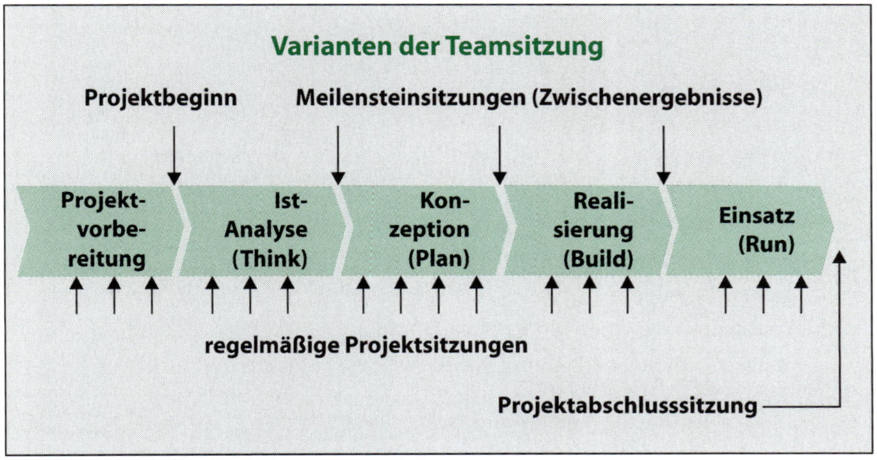

Regelmäßige Projektsitzungen sollen vor allem Klarheit über den Projektstatus schaffen. Kontinuierlich veranstaltete Besprechungen (»Jour fixe«) mit einer festen Agenda verringern die Gefahr, unkoordiniert und ineffizient zu arbeiten.

Beitrag einer Projektbesprechung zum Projekterfolg

Neben regelmäßigen Projektsitzungen sind Sitzungen zur Präsentation und Diskussion wesentlicher Zwischenergebnisse (Meilensteinsitzungen), ein Start-up-Meeting und eine Projektabschlusssitzung üblich. Hinzu können Ad-hoc-Sitzungen kommen, wenn die Projektgruppe wegen unerwarteter Ereignisse zusammenkommen muss.

Entgegen einer weit verbreiteten Meinung ist intensive Kommunikation in Form von Projektbesprechungen keine verschenkte Zeit. Im Gegenteil: Effiziente und zeitsparende Arbeitssitzungen tragen wesentlich zum Projekterfolg bei. Neben Gruppenbesprechungen sind auch Einzelgespräche zwischen Projektleitung und Teammitgliedern sowie informelle Gespräche mit Projektbeteiligten nützlich für den Informationsaustausch, die Entwicklung von Problemlösungen und die Konsensbildung.

Sitzungen und Konferenzen sollten sorgfältig vorbereitet und straff durchgeführt werden. Anderenfalls sind negative Folgen unvermeidlich. Besprechungen müssen vertagt und neu angesetzt werden. Die Mitarbeiterinnen und

Hauptziele von Projektsitzungen

Mitarbeiter verschwenden viel Zeit und damit auch Geld durch solch unbefriedigende Sitzungen. Genau dies gilt es zu vermeiden. Aber wie?

Wichtig ist, dass Klarheit über das Ziel des Treffens besteht. **Hauptziele von Projektsitzungen** können sein:

- Förderung der Meinungsbildung unter den Teammitgliedern,
- Entwicklung von Problemlösungen,
- Entscheidungsvorbereitung und Beschlussfassung,
- Statuserfassung.

Arbeitstechniken in Besprechungen

Abhängig vom Ziel der Projektbesprechung haben sich unterschiedliche **Arbeitstechniken** bewährt. Dienen die Besprechungen der Meinungsbildung, kommt es vor allem darauf an, Techniken einzusetzen, die zu einer ehrlichen und innovativen Meinungsäußerung führen (Kreativitätstechniken). Dient die Projektbesprechung der Entwicklung von Problemlösungen, müssen während der Moderation ausgewählte Problemlösungstechniken genutzt werden (Kartentechnik, Problem-Analyse-Schemata). Sollen Projektsitzungen die Entscheidungsvorbereitung oder eine Beschlussfassung unterstützen, sollten Sie bewährte Moderationstechniken zur Unterstützung der Entscheidungsfindung einsetzen. Wichtig ist, dass die Ergebnisse einer Projektsitzung protokolliert werden. Als Hilfsmittel kann eine Ergebnisliste dienen (s. S.81). In diesem Formular werden die Ergebnisse von Besprechungen unterschiedlichen Kategorien zugeordnet:

- Als **Beschlüsse** werden bindende Übereinkünfte der Teammitglieder festgehalten. Meist sind diese mit Aktivitäten verbunden, die bestimmte Personen durchzuführen müssen.
- **Empfehlungen** werden notiert, falls eine bindende Einigung nicht möglich ist oder Betroffene noch nicht befragt wurden. Empfehlungen müssen nicht befolgt werden. Durch Empfehlungen ergeben sich in der Regel keine Auswirkungen auf den Termin- oder Kostenplan.
- **Feststellung:** Wichtige Tatbestände, die nicht in Vergessenheit geraten sollen, werden als Feststellungen dokumentiert. Feststellungen sind aktuell, aber nicht mit weiteren Aktionen verbunden, sondern dienen weitgehend der Absicherung von bereits zuvor vorgenommenen Abstimmungen sowie der Dokumentation abweichender Meinungen.

Besprechungsergebnisse			
Projektbezeichnung.:			
Projekt-Nr.:			
Projektsitzung vom:			
Ort:			
Sitzungsleiter:			
Teilnehmer:			
Ergebnis-kategorie	Ergebnisse (Erläuterung)	Verantwortliche/ Beteiligte	Termin
Datum:	Unterschrift:		
Mögliche Ergebniskategorien:	B = Beschluss	E = Empfehlung	F = Feststellung

Ergebnislisten bieten folgende Vorteile:

- Eindeutige und vollständige Protokollierung.
- Informationen können gezielt abgefragt werden.
- Eine Überprüfung von Projektaktivitäten wird erleichtert.

Fazit: Bei einer guten Vorbereitung und Durchführung ist es durchaus sinnvoll, das Projektteam regelmäßig oder ad hoc zu Besprechungen zusammenzurufen.

Teamsitzungen moderieren – so geht's

»Gedacht heißt nicht immer gesagt. Gesagt heißt nicht immer richtig gehört. Gehört heißt nicht immer richtig verstanden. Verstanden heißt nicht immer einverstanden. Einverstanden heißt nicht immer angewendet. Angewendet heißt noch lange nicht beibehalten!«

Konrad Lorenz, Verhaltensforscher

Besprechungen verlaufen oft unbefriedigend, weil die Moderation nur mangelhaft erfolgt. Für die Projektleitenden ist die Kenntnis bestimmter Moderationstechniken unerlässlich. Im Verlauf einer Besprechung müssen zu bestimmten Zeitpunkten typischerweise bestimmte Moderationstechniken und Arbeitsmethoden eingesetzt werden:

Typischer Moderationszyklus

Phase	Zweck	Methoden
1. Beginnen	Arbeitsatmosphäre schaffen und inhaltliche sowie prozessuale Ordnung geben	• Orientierungsflipcharts • Punkteabfrage • Vorstellungsrunde
2. Sammeln	Sammlung zu bearbeitender Fragen	• Abfragen auf Zuruf • Abfrage mit Karten
3. Auswählen	Es wird festgelegt, welche Themen vorrangig behandelt werden sollen	• Konsens • Punktbewertung
4. Bearbeiten	Themen der jeweiligen Zielsetzung gemäß bearbeiten	• Brainstorming • Mindmapping • Problem-Analyse-Schema • Ursache-Wirkungs-Diagramm
5. Planen	Maßnahmen entwickeln	Maßnahmenplan
6. Abschließen	Arbeitsprozess in der Gruppe reflektieren und positiven Abschluss finden	• Blitzlicht • Rückschau • Vorschau

Zu den Methoden:

Moderationstechniken einsetzen

- Zu Beginn der Sitzung kann ein Orientierungsflipchart ebenso wie eine Punkteabfrage hilfreich sein. Ziel ist es, durch eine Visualisierungstechnik die Ausgangssituation und den aktuellen Stand der Arbeit im Projekt zu skizzieren. Mit einer Punkteabfrage kann dabei auch eine Bewertung aus der Sicht der Teilnehmer erfolgen.
- In der Sammlungsphase ist die Vorgabe einer zu bearbeitenden Frage- und Problemstellung durch den Sitzungsleiter üblich. Sie kann auch durch die Tagesordnung vorgegeben sein. Wird die Kartenabfrage als Methodik verwendet, müssen die Sitzungsteilnehmer Antworten und Stichworte zum

Moderationszyklus

Thema auf einzelne Karten schreiben (jedes Stichwort, jede Antwort nur auf eine Karte). Die Karten werden dann nach thematischen Schwerpunkten geordnet (am besten mit oder von einigen Teilnehmern). Falls Oberbegriffe auftreten, werden diese über die entsprechenden Stichworte gelegt. Ansonsten müssen Oberbegriffe gesucht werden. Die sich herauskristallisierenden Themenschwerpunkte mit Unterfragen oder Unterthemen können die weitere Arbeit strukturieren.

- In der Auswahlphase sollte ein Konsens darüber hergestellt werden, in welcher Reihenfolge die genannten Themen bearbeitet werden. Unter Umständen gilt es auch, Prioritäten zu setzen und eine Konzentration auf bestimmte Themen zu vereinbaren. Dann hilft eine Punkteabfrage weiter.
- In der Bearbeitungsphase bietet sich der Einsatz von Kreativitätstechniken wie Brainstorming oder Mindmapping an. Diese werden im achten Kapitel dieses Buches genauer erläutert.
- Es sollten in Projektmeetings am Ende meist konkrete Ergebnisse stehen. Diese werden sinnvollerweise in einem Maßnahmenplan festgehalten, aus dem hervorgeht, wer sich um die beschlossenen Maßnahmen kümmert und bis wann dies zu erledigen ist.
- Zum Abschluss einer moderierten Projektteamsitzung bietet sich eine kurze Reflexion an. Eine bewährte Methode ist das Blitzlicht. Dabei geben die Teilnehmer der Sitzung eine kurze Stellungnahme ab (wenn möglich nur ein Satz), die Ausdruck ihres momentanen Gefühls ist, inwieweit die Sitzung die Erwartungen erfüllt hat. Die Äußerungen werden nicht kommentiert. Meist gibt der Projektleitende eine Rückschau auf die erzielten Ergebnisse und einen Ausblick auf die weitere Vorgehensweise im Projekt im Zusammenhang mit den Sitzungsergebnissen.

Moderationsregeln

Wenn Sie mit Moderationsaufgaben in Projektsitzungen betraut sind, dann beachten Sie folgende **Moderationsregeln**:

- Wichtig ist die richtige Orientierung. Geben Sie den Teilnehmern den Zeitrahmen, Regeln und Zielsetzung der Sitzung bekannt. Machen Sie deutlich, dass Besprechungen nicht das Forum für Selbstdarstellungen sind, aber gleichwohl den Ideen aller genügend Platz geschenkt werden soll.
- In der Moderation spielt die Visualisierung eine zentrale Rolle (»schriftliche Diskussion« ist das Motto).
- Behandeln Sie sämtliche Beiträge mit Respekt, auch wenn Sie inhaltlich nicht zustimmen.
- Hören Sie allen Beiträgen sorgfältig zu und gehen Sie auf Fragen ein.

- Verweisen Sie notorische Vielredner beizeiten in die Schranken, ohne sie aus der Diskussion auszugrenzen.
- Fassen Sie mehrere Beiträge mit Ihren Worten zusammen, ohne die Äußerungen inhaltlich zu bewerten. Skizzieren Sie eventuell den Diskussionsverlauf auf einem Flipchart oder auf einer Folie. So können Sie den Stand der Diskussion verdeutlichen.

So schaffen Sie ein positives Innovationsklima

Beitrag von Innovationen zum Projekterfolg

Innovationen sind der Schlüssel für die Zukunft in Unternehmen und Gesellschaft. Gerade von Projekten wird vielfach die Förderung von Innovationen erwartet. Dies verlangt aber auch den Einsatz dazu förderlicher Instrumente im Projekt.

Wenn wir von »Innovationen« sprechen, denken wir immer zunächst an Ideen für neue Produkte oder Dienstleistungen. Diese Begriffsauslegung ist jedoch zu eng. Besser ist es, unter Innovation jede Art von **Erneuerungsprozess** zu verstehen. Damit zählen zu Innovationen neben den Produktinnovationen auch die Verfahrensinnovationen (beispielsweise verbessertes Wissensmanagement durch neue Formen der Informationsbeschaffung und Informationsverteilung). Und diesbezüglich können durch gute Projektergebnisse wertvolle Beiträge zur Innovation leisten.

Versuchen Sie, die Rahmenbedingungen für die Zusammenarbeit im Projektteam zu optimieren, indem Sie folgende Aspekte konsequent verfolgen, die hilfreich für ein positives Innovationsklima im Projekt sind:

Rahmenbedingungen für Innovationen

- Legen Sie Wert darauf, dass der Umgangston freundlich und höflich ist. Sympathie, Harmonie, gegenseitiges Vertrauen und Loyalität sollten im Vordergrund stehen, wobei natürlich auch immer eine gesunde Distanz einzuhalten ist. Wichtig ist auch, dass die Beziehung von gegenseitiger Achtung getragen ist.
- Der gegenseitige Informationsfluss unter den Projektmitgliedern muss stimmen. Dabei sollte niemand bewusst übergangen werden. Versuchen Sie, klare Regeln dazu zu entwickeln.
- Arbeiten Sie darauf hin, dass eine offene Atmosphäre gegeben ist, in der alle Beteiligten Kritik äußern und vertragen können. Wenn die Team-Partner bewusst oder unbewusst jeweils die Schwächen des anderen kompensieren, können sie das Projekt überzeugend nach innen und außen vertreten.

Nicht vergessen! Sie können nicht an neue Ufer vordringen, wenn Sie nicht den Mut aufbringen, die alten zu verlassen. Und: Alles, was ein Mensch sich vorstellen kann, werden andere Menschen verwirklichen können! Allerdings ist erst dann aus einer guten Idee eine Innovation geworden, wenn sie sich in der Praxis bewährt hat.

Wie Sie erfolgreich mit externen Beratern zusammenarbeiten

Wann ist externe Beratung sinnvoll?

Grundsätzlich sollten Sie auf externe Beratung zurückgreifen, wenn »Neuland« betreten werden soll, für das im Projektteam nicht das notwendige Wissen vorhanden ist. Dies ist der Fall, wenn langfristige Planungen erforderlich sind (Strategiekonzept), das übliche Maß überschreitende Investitionen anstehen, neuartige Technologien eingeführt werden sollen oder Projekte mit vielen Schnittstellen realisiert werden müssen.

Ein Projekt kann auch durch mehrere dieser Merkmale gekennzeichnet sein. Oft ist es unumgänglich, neutrale Kompetenz in derartige Projekte einzubeziehen. Dabei sollte sich die Aufgabe des Beraters nicht auf das Einbringen seiner Expertise beschränken. Er muss sich vielmehr rasch in die Projektaufgabe und die Probleme des Projektteams hineindenken können, als Katalysator für Veränderungen und zugleich als Konfliktlöser dienen.

Im Wesentlichen sind es folgende **Beweggründe**, die die Verpflichtung eines erfahrenen Beraters zur Unterstützung von Projekten nahe legen:

- Der Bedarf an **Fachwissen:** Die Projektarbeit erfordert ein Maß an Wissen und Erfahrung, das im Unternehmen nicht vorhanden ist und daher zugekauft werden muss.
- Der Bedarf an zusätzlichen **Ressourcen:** Im Rahmen der Einführung der Projektlösung sind schnelle Resultate erforderlich. Dies bedeutet eine Konzentration der entscheidenden Aktivitäten des Projekts in einem kurzen Zeitraum. Externe Mitarbeiter bringen die zusätzliche Arbeitsleistung ein, die dafür erforderlich ist.
- Der Bedarf an **Objektivität:** Entscheidungen mit weit reichenden Konsequenzen für das Unternehmen haben Auswirkungen auf interne Machtstrukturen und sind vielfach von Emotionen geprägt. Die Einbeziehung eines externen Mitarbeiters kann zur Objektivierung und Versachlichung beitragen und damit Konflikte entschärfen. Der Berater hat die notwendige Distanz, um rationale Entscheidungen herbeizuführen.
- Katalysator für **Veränderungen:** Die Entscheidung für einen externen Berater bedeutet eine Investition und ist damit ein Anreiz, konkrete Maßnah-

men zu treffen, die vielleicht auch bisher als notwendig erachtet, aber immer wieder verschoben wurden. Gerade die Geschäftsleitung schätzt deshalb das Urteil eines externen Beraters, da so Entscheidungen eher durchgesetzt werden können.

- **Rückversicherung:** Bei wichtigen Entscheidungen wird oft das Urteil eines Beraters zur Erlangung größerer Gewissheit gesucht. Auch gegenüber Aktionären und Aufsichtsrat kann die Empfehlung eines anerkannten externen Fachmanns das Projektmanagement stärken und entlasten.

Aufgaben der externen Beratung

Bevor ein externer Berater engagiert wird, gilt es, genau zu prüfen und abzuwägen, welche Aufgaben übertragen werden sollen. Darüber hinaus muss geklärt werden, welche Kompetenzen der Berater erhalten soll und welches Maß an Verantwortung dadurch auf ihn entfällt.

Bei weitreichenden Beraterleistungen werden die Projektmitarbeiter in die Erarbeitung der Beratungsleistungen miteinbezogen und an der Umsetzung der erarbeiteten Vorschläge beteiligt. Man spricht dann von **Umsetzungsberatung**. Eine andere Form ist die **Gutachtenberatung**, bei der ein Fachmann zu einem bestimmten Thema eine Einschätzung erarbeitet.

Beraterauswahl

Das Angebot an Beratungsleistungen ist genauso vielfältig wie Herkunft, Erfahrung und Qualifikation der Anbieter. Es gibt Beratungsfirmen mit unterschiedlichen Schwerpunkttätigkeiten und verschiedener Größe. Nicht immer ist jedoch das erforderliche Wissen vorhanden. Erheblichen Einfluss auf den Beratungserfolg hat natürlich der Berater selbst. Seine fachlichen, persönlichen und sozialen Kompetenzen sind entscheidend. Deshalb kommt der Auswahl der geeigneten Beraterfirma und der von ihr entsandten Mitarbeiter eine besondere Bedeutung zu.

In größeren Projekten können mehrere externe Personen hinzukommen. Vor- und Nachteile externer Unterstützung können Sie der Übersicht auf der nächsten Seite entnehmen.

> **»Führung ist, im Gegensatz zur nackten Machtausübung, untrennbar verbunden mit den Bedürfnissen und Zielen der Geführten.«**
>
> James MacGregor Burns, Politologe

Führung – den richtigen Weg finden

Primäre Aufgabe von Führung ist es, die Leistungsbereitschaft der anvertrauten Menschen zu steigern. **Ziel der Führungsaktivitäten der Projektleitung** sollte es folglich sein, die Mitglieder im Projektteam zu befähigen, ihr Bestes zu geben und die übertragenen Aufgaben mit Freude zu erfüllen. Mitarbeiter dazu anzuleiten, Ziele gemeinsam zu erreichen und die Arbeitsmöglichkeiten so zu gestalten, dass die Teammitglieder effektiv arbeiten können.

Externe Unterstützung für die Projektarbeit?

✓ interne Mitarbeiter	✓ externe Mitarbeiter
✓ kennen das Unternehmen	✓ Verfügen über Erfahrung mit der Projektaufgabe
✓ benötigen eine geringere Einarbeitungszeit	✓ besseres Durchsetzungsvermögen
✓ erreichen in der Regel eine höhere Akzeptanz der Ergebnisse im Unternehmen	✓ keine arbeitsvertragliche Bindung
✓ Fachwissen bleibt im Unternehmen	✓ größere Unabhängigkeit und Objektivität
✓ geringere Kosten	✗ höhere Kosten
✗ Betriebsblindheit	✗ oftmals geringere Akzeptanz bei unternehmensinternen Mitarbeitern und Betroffenen
✗ Abhängigkeitsverhältnis	

Verbesserungspotenziale in den Führungsfähigkeiten der Projektleitung lassen sich erkennen, indem folgende Bereiche, die typische Führungsaufgaben in einem Projekt darstellen, geprüft werden:

- **Personalauswahl:** Bei der Zusammensetzung des Projektteams muss die Projektleitung maßgeblich mitwirken.
- **Lenken:** Bei der Ausführung von Arbeitsaufträgen durch die Teammitglieder sollte die Projektleitung eine wesentliche Unterstützungsfunktion übernehmen.
- **Delegieren:** Aufgaben und Zuständigkeiten, die delegierbar sind, sollten von der Projektleitung in geeigneter Weise Teammitgliedern übertragen werden. Wichtig ist dabei die Vorgabe von Zielen, aber auch eine entsprechende Kontrolle.
- **Schulung:** Die Projektleitung kann sich viel Zeit und Nacharbeit sparen, wenn die Personen, die Aufgaben übernehmen sollen, vorab dafür geschult werden.
- **Motivieren:** Die Projektleitung sollte selbst Maßstäbe setzen, die zur Motivation der Mitarbeiterinnen und Mitarbeiter im Projektteam beitragen.
- **Koordinieren:** Die Projektleitung sollte sicherstellen, dass die notwendigen Tätigkeiten im Projekt nach ihrem Wichtigkeits- und Dringlichkeitsgrad mit einem Minimum an gegenseitiger Behinderung ausgeführt werden.

Grundsätze für das Führen im Projekt

Erfolgreich Führen im Projekt

Versuchen Sie, bewährte Grundsätze zu beachten und bei Ihrem künftigen Handeln zu berücksichtigen. Dies gilt sowohl, wenn Sie das Führungsverhalten anderer beurteilen, als auch, wenn Sie selbst in Führungssituationen handeln:

- Eine wesentliche Voraussetzung für erfolgreiche Führung ist der Aufbau eines Vertrauensverhältnisses. Beachten Sie deshalb immer genau die Distanz und das Distanzbedürfnis der anderen. Mit wachsendem Vertrauen der Teammitglieder wird sich zugleich die Distanz verringern.
- Zu einer erfolgreichen Führung gehört auch das Produzieren von Emotionen. Denken Sie daran: Begeisterung reißt mit, Trauer und Niedergeschlagenheit stecken an, Sympathie weckt Sympathie. Deshalb sollten Sie lernen, Emotionen im Projektteam zu produzieren.
- Voraussetzung für Führung im Projekt ist eine persönliche Wertschätzung der Mitarbeiterinnen und Mitarbeiter im Projekt. Führungskräfte überzeugen nur, wenn sie ihre Teammitglieder als Menschen akzeptieren. Dies können sie aber nur dann, wenn sie sich selbst menschlich verhalten. Denken Sie daran: Sie wirken dann menschlich, wenn Sie auch zeigen, was und wie Sie fühlen.
- Führung heißt auch, Mut für die Zukunft zu machen. Sie müssen sich dessen bewusst sein, dass gerade in Projekten permanent Veränderungs- und Evolutionsprozesse zu bewältigen sind. Es gibt niemals eine endgültige Lösung. Alles bleibt immer im Fluss.

Konflikte erkennen und beherrschen

»Unsere Aufgabe ist es nicht, den Konflikt – als existenziellen Spannungszustand – zu negieren, sondern ihn zu erkennen, zu untersuchen, zu bewältigen - und mit ihm zu leben, soweit er nicht zu bewältigen ist.«

Hans L. Merkle, Manager

Konfliktfrei leben und arbeiten – sicher ein Mythos. Konflikte sind im Berufs- und Privatleben nicht unbedingt eine Katastrophe. Sie sind eigentlich normal. Denn überall dort, wo Menschen mit Menschen umgehen, wird es auf längere Zeit zu Konflikten kommen.

Auch in Projekten sind Konflikte nicht selten. Meist läuft im Team etwas schief, weil Absprachen nicht eingehalten werden, einzelne Teammitglieder sich überlastet fühlen, Rivalitäten im Projekt ausgetragen werden, strenge Planvorgaben die Arbeitsmotivation bremsen oder Informationen nicht ungehindert fließen können. Aber nicht nur innerhalb des Projektteams kann es zu Konflikten kommen. Konflikte sind ebenfalls denkbar zwischen

- Projektleitung und Auftraggeber,
- Projektmitarbeitern und Mitarbeitern der Fachabteilung sowie
- Projektleitung und Unternehmenscontrolling.

Konflikte produktiv nutzen

Wahrscheinlich empfinden auch Sie Konflikte als unangenehm und suchen sie zu vermeiden. Konflikte behindern Ihre Arbeit, kosten Zeit und belasten die Arbeitsatmosphäre. Dennoch sollten Sie Ihre Einstellung ein wenig relativieren. Konflikte können in der Projektarbeit durchaus produktiv sein. Sie sind nicht selten Motor der Weiterentwicklung. Wo keine Auseinandersetzung stattfindet, gibt es auch keine Veränderung. Durch Konflikte werden Probleme sichtbar, Kreativität wird gefördert und der persönliche Horizont erweitert. Vielleicht können Sie dies bereits aus eigener Erfahrung bestätigen.

Umgang mit Konflikten im Team

Wichtig ist der richtige Umgang mit Konflikten. Damit Konflikte nicht zum Ärgernis werden, müssen sie rechtzeitig **erkannt,** richtig **analysiert** und **konstruktiv bearbeitet** werden. Diese systematische Vorgehensweise wird als **Konfliktmanagement** bezeichnet.

Beachten Sie: Konflikte können einen unterschiedlichen Verlauf nehmen: Sie können lange oder nur kurz andauern, sie können sachlich oder aggressiv ausgetragen werden, sie können verborgen oder offen angesprochen und direkt angegangen werden. Trotz dieser Vielfalt lassen sich Vorgänge finden, die für das Verständnis aller Konflikte wichtig sind.

Falls Sie sich in einen Konflikt verwickelt sehen, dann sollten Sie sich fragen, ob es sinnvoll ist, ihn auszutragen. Prüfen Sie, ob und inwieweit Sie mit dem vorhandenen Konflikt leben können. Entwickeln Sie eine Konfliktstrategie. Bedenken Sie: Die Zeit löst keine Konflikte, sondern lässt sie höchstens einschlafen. Wenn Sie Konflikte konstruktiv lösen wollen, müssen Sie aktiv etwas unternehmen!

Konflikte austragen

Wie tragen Sie Konflikte gekonnt aus? Suchen Sie baldmöglichst das Gespräch. Vereinbaren Sie mit der oder den betreffenden Personen einige Tage im Voraus einen Termin, an dem Sie sich in Ruhe zusammensetzen können. Versuchen Sie, sich in die Lage Ihres Konfliktpartners zu versetzen. Unterbreiten Sie Lösungsvorschläge. Können Sie einen Konflikt beheben, so hat dies einen unschätzbaren Vorteil: Sie bauen Blockaden ab und setzen neue Energien frei.

Wenn eine Konfliktlösung nicht möglich scheint, gibt es eigentlich nur zwei Wege: Vergessen Sie den Konflikt. Streichen Sie alles damit Zusammenhängende radikal aus Ihrem Gedächtnis! Konzentrieren Sie sich auf Ihre aktuellen Aufgaben und Aktivitäten im Projekt. Die andere Alternative ist ein radikaler Schnitt. Wollen Sie mit den Konflikten in einem Projekt nichts mehr zu tun haben, gibt es nur den Weg, das Projekt zu verlassen.

Da Konflikte im Projektteam wohl unvermeidlich sind, müssen Sie nach Maßnahmen suchen, wie Sie Ihre Konfliktfähigkeit langfristig verbessern können. Dies bedeutet, dass Sie die Fähigkeit entwickeln müssen, künftig unnötige Konflikte zu vermeiden, unvermeidliche Konflikte psychisch durchzustehen und vorhandene Konflikte zu beheben.

Konflikte vermeiden

Um **Konflikte zu vermeiden**, sollten Sie Konfliktpotenziale erkennen:

- Stellen Sie sicher, dass die Zusammenarbeit im Projektteam funktioniert. Signale über das Funktionieren erhalten Sie, wenn Sie prüfen, inwieweit Aufgaben und Verantwortung übernommen werden und kreative Beteiligung erfolgt.
- Formulieren Sie Regeln für das Verhalten in der Gruppe. So sollte sichergestellt sein, dass sich niemand auf Kosten anderer profiliert.
- Prüfen Sie die Kommunikationskultur im Projektteam. Wichtig ist, dass Probleme offen angesprochen und wichtige Informationen rechtzeitig weitergegeben werden.

Konflikte lösen

Einige Hinweise zur **Konfliktlösung:**

- Konflikte lösen bedeutet, Einstellungen und Verhaltensweisen zu ändern. Nehmen Sie sich Zeit, denn es handelt sich um einen Lernprozess.

Tipps zur Konfliktlösung im Projektteam

- Entwickeln Sie Gelassenheit. Nur so können Sie viele unnötige Konflikte vermeiden. Emotionen sollten kein Tabu sein, wichtiger ist aber eine sachliche und faire Auseinandersetzung.
- Stellen Sie den richtigen Zeitpunkt zum Eingreifen sicher! So sollte man nie abwarten, bis der Konflikt eskaliert ist. Besser ist es, beim Auftreten von konkreten Problemen diese in der nächsten Teamsitzung anzusprechen.
- Steigern Sie Ihre Kommunikationsfähigkeit. Nur wer kommunikationsfähig ist, kann Konflikte psychisch durchstehen und nach Möglichkeit beheben.
- Teamgeist, Kreativität und Konsensbereitschaft sind die wichtigsten Eigenschaften zur Bewältigung von Konflikten im zwischenmenschlichen Bereich. Versuchen Sie, diese Eigenschaften bei sich zu verbessern.
- Konflikte im Projektteam können selten alleine oder im Zwiegespräch gelöst werden. Versuchen Sie, die Bereitschaft der Betroffenen zu wecken, an der gemeinsamen Konfliktlösung mitzuarbeiten. Vermeiden Sie Schuldzuweisungen, betreiben Sie stattdessen Ursachenforschung. Wenn das Team in der Lage ist, Probleme offen zu erörtern, dann ist es meist auch kooperativ bei der Suche nach einer Problemlösung.
- Nutzen Sie Konflikte produktiv!

Wie Sie am besten vorgehen, das sollten Sie in der jeweiligen Situation von Ihren persönlichen Erfahrungen und den aktuellen Rahmenbedingungen abhängig machen.

Kapitel 7
Projektsteuerung und Projektkontrolle

So bleibt das Projekt auf Erfolgskurs

Während die Projektplanung die Vorgehensweise der Problemlösung gedanklich vorwegnimmt, geht es bei der Projektsteuerung um die Umsetzung der geplanten Maßnahmen. Projektsteuerung ist eng mit der Projektplanung und der Projektkontrolle verknüpft.

Maßnahmen und Verantwortung für Projektsteuerung

Maßnahmen zur Projektsteuerung sollen den Projektablauf auf dem geplanten Kurs halten und bei Planabweichungen den Kurs korrigieren. Die Projektleitung ist gefordert, mit Unterstützung des Projektteams und eventuell eines Controllers oder eines Qualitätsmanagementbeauftragten, Steuerungsmaßnahmen festzulegen, zu diskutieren, zu beschließen und einzuleiten.

Die Verantwortlichkeit für die Projektsteuerung und -kontrolle liegt auf unterschiedlichen Ebenen. Der Auftraggeber trägt die Verantwortung für die Einordnung der Projektergebnisse in die Gesamtorganisation, die Projektleitung für das betreffende Projekt, und die Teammitglieder sind für ihre jeweiligen Arbeitspakete verantwortlich.

Wichtige Teilaktivitäten der **Projektsteuerung und -kontrolle** zeigt die Abbildung auf der gegenüberliegenden Seite.

Ziele und Varianten der Projektkontrolle

Aspekte der Projektkontrolle

Projektkontrolle gewährleistet, dass die Pläne eingehalten und die Ziele erreicht werden. Sie kann sich auf verschiedene Aspekte eines Projekts richten:

- Stimmt die grundsätzliche Richtung?
- Liegt das Projekt im Zeitplan?
- Werden die geplanten Kosten eingehalten?
- Entsprechen die bisher erzielten Ergebnisse den Vorstellungen des Projektteams und denen des Auftraggebers?
- Wie hoch ist angesichts des bisherigen Fortschritts die Wahrscheinlichkeit, das Projektziel nach Plan zu erreichen?

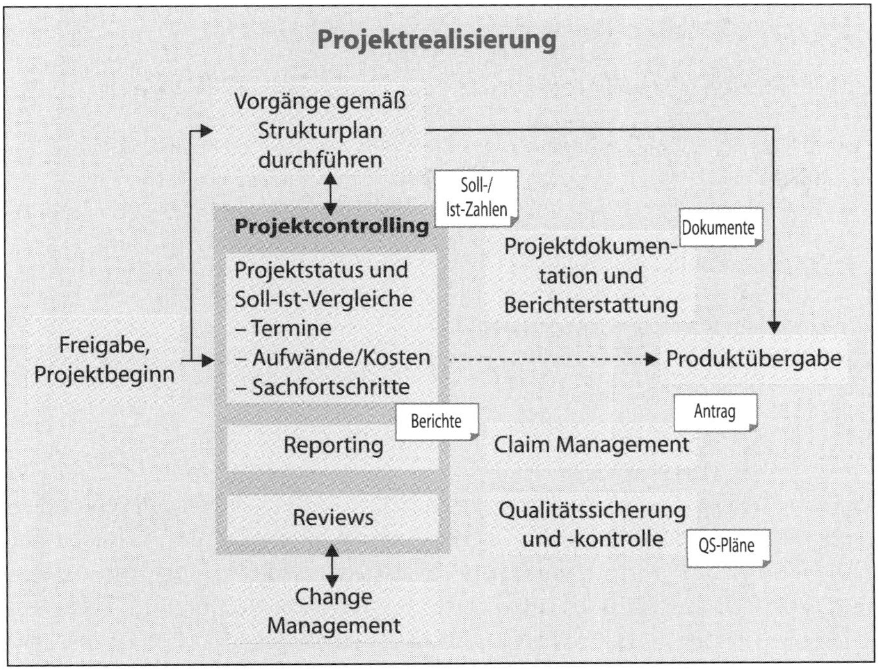

Daten zur Projektkontrolle

Nicht immer stehen wie im Fall von Terminen und Kosten eindeutige Daten zur Verfügung, denn nicht alle Fortschritte eines Projekts lassen sich in Zahlen ausdrücken. Ein Fortschritt kann sich auch in der Motivationslage der Gruppe zeigen und in der Akzeptanz von Seiten der Kunden.

Voraussetzung zur Durchführung von Kontrollen ist jedoch in vielen Fällen, dass messbare oder genau beschriebene Soll-Werte vorhanden sind. Den Mitarbeitern im Projekt muss möglichst präzise mitgeteilt werden, unter welchen Rahmenbedingungen und mit welchen Zielen die Teilaktivitäten im Projekt durchgeführt werden sollen. Am besten sind natürlich konkrete Kennzahlen, wie etwa der Umfang des zur Verfügung stehenden Budgets.

Statusmeldungen

In Projekten ist eine permanente Fortschrittsüberwachung notwendig. Dies kann in einfacher Form über Statusmeldungen erfolgen. Bei größeren oder bei mehreren zusammenhängenden Projekten hat es sich bewährt, in regelmäßigen Abständen die Ist-Daten von den verantwortlichen Personen in Form von Berichten einzuholen. Um ein Projekt zu verfolgen, müssen außerdem die geplanten Ressourcendaten abgeglichen werden. Jeder Mitarbeiter muss zu diesem Zweck seine Arbeitszeit festhalten und an das Projektcontrolling weitergeben. Ergänzend sind natürlich auch Kostendaten und die erreichten Arbeitsfortschritte zu melden.

Vorteile der Projektkontrolle

Die Vorteile von Kontrollen

- Durch Kontrollen wird sichergestellt, dass das geforderte Ergebnis auch tatsächlich erreicht wird.
- Mittels Kontrollen können Sie sich einen Überblick über den aktuellen Stand der Projektarbeit verschaffen und im Bedarfsfall rechtzeitig steuernd eingreifen.
- Kontrollen können Möglichkeiten aufzeigen, wie sich Arbeitsabläufe und Arbeitsorganisation verbessern lassen.
- Kontrollen müssen nicht motivationshemmend sein. Im Gegenteil: Sie können auch ein Ansporn sein und zu besseren Leistungen führen. Kontrollen geben Feedback und helfen, Fehler aufzudecken.

Den Mitarbeitereinsatz erfolgreich koordinieren

Aufgabendelegation an die Projektmitarbeiter

Ein wesentlicher Aufgabenbereich der Projektleitung ist der **gezielte Mitarbeitereinsatz**. Die Projektleitung weist die Teammitglieder in ihre Aufgaben ein. Dies kann durch Formulierung von Teilaufgaben, durch Angabe von Zielen und durch weitere Hilfestellungen erfolgen. Zusätzlich schützt sie durch abschirmende Maßnahmen, wie beispielsweise ein klarer Zeitrahmen für bestimmte Projektaufgaben, die Mitarbeiter vor externen Einflüssen. Abschirmende Maßnahmen sind vor allem dann notwendig, wenn Mitarbeiter nur vorübergehend für ein Projekt tätig sind. Hier besteht die Gefahr, dass der entsendende Bereich die Freistellungsvereinbarung nicht beachtet.

Die **Verteilung der Aufgaben** auf die Projektmitarbeiter erfolgt entsprechend dem Projektplan beziehungsweise dem QS-Plan. Je nach Umfang und Komplexität der Aufgabe kann die Auftragserteilung mündlich oder schriftlich erfolgen. Handelt es sich beispielsweise um Aufgabenstellungen mit hohem Zeitbedarf und vielen Teilaufgaben, so ist eine schriftliche Fixierung empfehlenswert.

Bei paralleler Abwicklung von verschiedenen Projektteilen und entsprechender Verteilung der Mitarbeiter kann die gemeinsame Zielsetzung leicht aus den Augen verloren werden. Um dieser Gefahr zu begegnen, ist eine Koordinierung durch die Projektleitung in sachlicher, personeller und zeitlicher Hinsicht erforderlich. Sie muss sicherstellen, dass die einzelnen Arbeitsgruppen nicht den Überblick über die Zusammenhänge verlieren. Teilprojektübergreifende Koordinierungsgespräche haben sich hier als sinnvoll erwiesen.

Von entscheidender Bedeutung für das Gelingen eines Projekts ist die **Delegierung der Aufgaben**. Praktische Erfahrungen zeigen, dass viele Projektleitende bei der Delegierung von Aufgaben unsicher sind, weil kein Vertrauen in die Leistungsfähigkeit und -bereitschaft anderer besteht und sie die Sorge haben, dass Mehraufwand verursacht wird. Die Vorteile richtigen Delegierens liegen in der eigenen Entlastung und in der Motivationssteigerung der Mitarbeiter. Als Delegierender haben Sie einen nicht unerheblichen Einfluss auf die Qualität der Ergebnisse.

Tipps für das Delegieren von Aufgaben

Effektives Delegieren ist nicht schwierig

- Jede Auftragserteilung muss präzise und verständlich sein. Verdeutlichen Sie, was Sie unter professioneller Aufgabenerfüllung verstehen.
- Legen Sie einen Endtermin fest, unter Umständen auch Termine für Zwischenberichte. Geben Sie bei umfangreichen Aufgaben Etappenziele vor.
- Machen Sie immer den Stellenwert und die Bedeutung des Auftrags klar. Prüfen Sie durch Fragen, ob der Auftrag verstanden wurde.
- Führen Sie eine Liste mit Erledigungsvermerken. Kein Auftrag ohne Erledigungsmeldung

Projektcontrolling – Statuserfassung, Berichtswesen und Reviews

Gründe für ein Projektcontrolling

Eine besondere Aufgabe des Projektleiters besteht darin, den Projektfortschritt für jeden Vorgang zu verfolgen. Zu diesem Zweck werden **Plan- und Ist-Daten verglichen**. Ohne das regelmäßige Erfassen des Projektstatus und ein aussagekräftiges Berichtswesen sind Projekte kaum steuerbar. Um überraschend auftretende Probleme wie Kostenüberschreitung, nicht eingehaltene Termine oder unzureichende Ressourcenverfügbarkeit erst gar nicht entstehen zu lassen, sollten Sie unbedingt ein angemessenes Projektcontrolling betreiben.

Das Projektcontrolling hat eine **interne** und eine **externe Funktion**. Für die Projektbeteiligten macht es Planabweichungen sichtbar und erlaubt eine Analyse der Ursachen, und dem Auftraggeber dient es als Beurteilungs- und Entscheidungsgrundlage. Im praktischen Einsatz hat sich ein **Controlling-Mix** bewährt, das folgende Instrumente verbindet:

Controlling-Mix

- Statuserfassung und -fortschreibung (ereignisorientiertes Controlling),
- schriftliches Berichtswesen (Projektreporting),
- mündliches Berichtswesen (Reviews).

Zur Erfassung des Projektstatus müssen Sie zunächst entscheiden, **welche Daten** laufend aktualisiert werden sollen, **woher** die aktuellen Informationen stammen und in welchen Zeitabständen die Aktualisierung erfolgen soll. Lie-

Terminkontrolle

gen die aktuellen Daten vor, müssen sie systematisiert und der bisherige Projektplan fortgeschrieben werden. Im Rahmen der Terminkontrolle wird dann die Einhaltung der Plantermine geprüft und eventuell eine Fortschreibung der Anfangs- und Endtermine für die betroffenen Vorgänge vorgenommen. Meist ist zudem eine Erfassung und Fortschreibung des Ressourceneinsatzes und der angefallenen Kosten unverzichtbar.

Bei computergestützter Weiterverarbeitung der Daten kommen für die **Zeiterfassung** folgende Varianten in Betracht:

- Alle Projektmitarbeiter führen einen Stundenzettel. Die Daten des Stundenzettels werden danach zentral in das Projektcontrollingsystem übertragen.
- Für das Arbeiten im Netzwerk wird den Projektmitarbeitern von einem Programmsystem (beispielsweise einem Projektmanagementprogramm oder einem Terminplaner wie Outlook) eine Erfassungsmaske für die Arbeitszeiten dezentral zur Verfügung gestellt. Die Erfassung erfolgt so unmittelbar im Programm durch die Mitarbeiter.

Die **Terminkontrolle und -steuerung** ist bei größeren Projekten nur mit Hilfe der computergestützten Netzplantechnik durchführbar, denn nur sie ermöglicht einen Überblick über die zahlreichen Einzelaufgaben und ihre Zusammenhänge.

Kostencontrolling

Für das **Kostencontrolling** ist wichtig, welche Aufteilung bezüglich der Kostenerfassung notwendig ist. Eine genaue Aufschlüsselung der Personalkosten eines Projektes ist fast immer erforderlich. Die erfassten Arbeitszeiten sind die Basis gezielter Auswertungen und Verrechnungen. Üblich ist die Erfassung der einzelnen Personalstunden (Normalzeit, Dienstreise, Gleitzeit, Krankheit, Urlaub und Sonderurlaub) und etwaiger Kosten wie Materialkosten oder Aufwendungen für Unterauftragsnehmer und deren Verteilung auf die einzelnen Projekte. In größeren Organisationen und Projekten ist die Zuordnung der angefallenen Projektkosten zu Kostenstellen von Interesse. Einen **Soll-Ist-Kostenvergleich** finden Sie auf der gegenüberliegenden Seite.

Fortschrittskontrollen

Neben dem Vergleich von Soll- und Ist-Kosten kann der **aktuelle Fertigstellungswert** berechnet werden. Diese Größe gibt das Verhältnis der zu einem Stichtag erbrachten Leistungen zur Gesamtleistung eines Vorgangs wieder. Bewertet wird dies über die Angabe der dem Fertigstellungsgrad entsprechenden Kosten eines Vorganges oder Projektes, dem Arbeitswert.

Die **qualitative Fortschrittskontrolle** ist die wichtigste und schwierigste Kontrollaufgabe. Als Messgrößen für den Sachfortschritt werden Fortschritts-

Soll-Ist-Kostenvergleich (Beispiel)				
Kostenarten	**Soll-Ist-Vergleich**		**Abweichungsanalyse**	**Beurteilung**
	Soll	**Ist**		
Personalkosten	140	144	– 4	Geringe Überschreitung
Materialkosten	24	20	+ 4	Gute prozentuale Einsparung
Reisekosten	16	36	– 20	Enorme Kostenüberschreitung
Fremdleistungen	4	2	+ 2	Einsparung von 50 Prozent
Raumkosten	6	6	–	Ausgeglichen
Gemeinkosten	10	12	– 2	Überschreitung um 20 Prozent
Summe	200	220	– 20	Überschreitung um 10 Prozent

berichte der einzelnen Mitarbeiter und Zwischenpräsentationen verwendet. Grundsätzlich ist es empfehlenswert, während der Projektdurchführung in bestimmten Abständen Restzeitschätzungen vorzunehmen.

Abweichungsanalysen und Korrekturmaßnahmen

Falls notwendig muss die Projektleitung geeignete Korrekturmaßnahmen ergreifen. Der Überwachungs- und Steuerungsprozess besteht demnach aus drei Phasen:

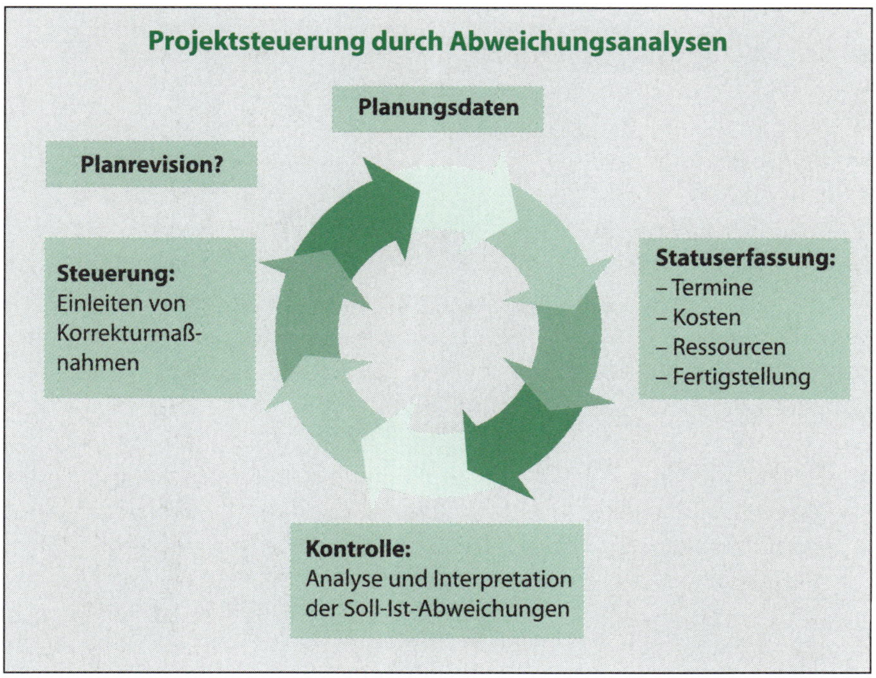

Bedenken Sie: Berichte und Kennzahlen sind wichtige Instrumente eines modernen Controlling. Durch den ständigen Soll-Ist-Vergleich im Projekt soll so früh wie möglich eine Abweichung erkannt werden, um durch geeignete Steuerungsmaßnahmen entweder das Projekt wieder »in den Plan« zu holen oder aber die Planvorgaben zu ändern.

Projektreporting – Gestaltung und Nutzung

Zweck des Projektreporting

Berichtswesen und Dokumentation im Rahmen eines Projekts dienen vor allem folgenden Zwecken:

- kontinuierliche Informationsbereitstellung,
- Nachweisführung gegenüber dem Auftraggeber,
- Projektmarketing,
- Beurteilung der Fortschritte,
- Grundlage für die Nutzung und Weiterentwicklung der Projektergebnisse in einem Folgeprojekt.

Fragenkreise des Projektreporting

Bei der Planung der Berichterstattung und Dokumentation müssen einige Fragen geklärt werden, deren Beantwortung aufzeigt, was im Detail zu tun ist:

- Was muss berichtet werden?
- In welcher Form (schriftlich oder elektronisch)?
- Wann?
- Wer berichtet an wen?

Berichte über Projektplanungen, den Stand der Projektarbeit oder über abgelaufene Projekte sind kein Selbstzweck! Wichtig ist vielmehr, für spezifische Zielgruppen angepasste Berichte bereitzustellen, die zu einer erfolgreichen Durchführung aktueller und künftiger Projekte beitragen, indem sie dem spezifischen Informationsbedürfnis der Berichtsempfänger gerecht werden. Folgende Zielgruppen benötigen Projektdaten:

Zielgruppen für Projektberichte

- **Geschäftsführung.** Die Unternehmensleitung ist meist der »Sponsor« eines Projektes. Sie benötigt in regelmäßigen Abständen Übersichtsinformationen (Zielerreichung, Kosten). Die Berichte sollten komprimiert sein, Detailinformationen sind eher selten gefragt.

Berichtsempfänger

- Die **Projektleitung** benötigt demgegenüber detaillierte Informationen. Dies gilt sowohl für Planungsergebnisse und für die laufende Projektarbeit als auch für die abschließende Projektdokumentation. Die Funktionen dieser Berichte sind vielfältig: Neben der Entscheidungsunterstützung kommt ihnen eine Dokumentations- und Präsentationsfunktion zu. Darüber hinaus können sie die Planung künftiger Projekte unterstützen.
- **Projektteam.** Die Mitglieder des Projektteams benötigen vor allem Daten, die den Ressourceneinsatz betreffen. Detaillierte Übersichten über die Termin- und Ressourcenplanung bieten eine gute Orientierung für das persönliche Aufgabenmanagement der Teammitglieder.
- **Controlling.** Um Planungs- und Entscheidungsaufgaben auf Unternehmensebene zu erleichtern, können Berichte für das Unternehmenscontrolling gewünscht sein.
- **Kunden.** Werden Projekte im Kundenauftrag durchgeführt, benötigen diese Kunden ebenfalls spezielle Berichte.

Die Übersicht zeigt, wie in einem Projekt die Berichterstattung erfolgen kann:

Berichtsart	**Verantwortlich für die Erstellung**	**Zeitpunkt**	**Empfänger/ Verteiler**
Statusbericht der Arbeitspakete	Teilprojektleiter, bei kleinen Projekten: Mitarbeiter	monatlich oder zum Abschluss eines Arbeitspaketes	Projektleiter, Projektteam
Projektplan (aktualisiert)	Projektleiter	vierteljährlich oder auf Anfrage	Projektlenkungsausschuss
Projektstatusberichte	Projektleiter	Monatlich oder auf Anfrage	Unternehmensführung, Projektlenkungsausschuss, Auftraggeber/Kunde
Meilensteinberichte	Projektleiter	zum Abschluss einer Projektphase	Teilnehmer der Meilensteinsitzung
Zwischenberichte	Projektleiter	wie im Projektauftrag vereinbart	Projektlenkungsausschuss, Auftraggeber/Kunde
QS-Berichte	QS-Beauftragter in Zusammenarbeit mit dem Projektleiter	gemäß Projektauftrag oder nach Änderungen des QS-Plans	Projektcontrolling, Projektleitung

Regelmäßige Projektreviews – ein wichtiges Steuerungsinstrument

Projektreviews als Steuerungsinstrument

Der Projekterfolg entsteht nicht nur durch Planung und formale Steuerung. Große Bedeutung kommt auch den persönlichen Gesprächen und Kontakten innerhalb der Projektgruppe sowie zwischen der Projektgruppe und anderen Beteiligten zu. Neben persönlichen Einzelgesprächen sind regelmäßige gemeinsame Besprechungen mit einer standardisierten Tagesordnung sinnvoll:

- Einführung durch die Projektleitung,
- Stand der Arbeiten,
- notwendige Koordinationsmaßnahmen im Projektverlauf,
- Erfahrungsaustausch und Problembesprechungen,
- Zielvereinbarungen und erforderliche Maßnahmen,
- weiteres Vorgehen und Terminfestlegungen.

Die Projektleitung sollte sich regelmäßig mit Vertretern des Projektlenkungsausschusses oder des Auftraggebers austauschen.

Notwendige Anpassungs- und Koordinierungsmaßnahmen

Maßnahmen zur Projektsteuerung

Es obliegt der Projektleitung, aus den Ergebnissen der Projektstatuserfassung Konsequenzen zu ziehen. Bei gravierenden Abweichungen von den Zielvorgaben ist es empfehlenswert, im Rahmen einer Teambesprechung eine Analyse vorzunehmen und mögliche Maßnahmen zu diskutieren. Folgende Fragen müssen gestellt und beantwortet werden:

- Stimmen die vorgelegten Zahlen?
- Welche Gründe für die Abweichungen gibt es?
- Welche Lösungsmöglichkeiten gibt es?
- Sind weitere Projektziele von den Abweichungen berührt?
- Mit welchem Aufwand und bis wann ist eine Korrektur möglich?

Nachfolgend finden Sie eine Zusammenstellung von möglichen Koordinationsentscheidungen und Anpassungsmaßnahmen:

- zeitliche Koordinationsentscheidungen,
- Ressourcenmanagement (Änderung der Aufgabenverteilung, Anforderung von mehr Personal, Austausch von Projektpersonal),

- Kostenanpassung (Kürzungen oder Bereitstellung zusätzlicher finanzieller Mittel),
- Qualitäts- und Change Management.

Änderungswünsche in den Griff bekommen – durch systematisches Claim Management

Gründe für Änderungen im Projektverlauf

Unabhängig von einer soliden Planung können im Projektverlauf Änderungswünsche an das Projektteam herangetragen werden. Möglicherweise lassen technische Entwicklungen eine Umorientierung der Projektziele erforderlich erscheinen, neue behördliche Anforderungen müssen erfüllt werden, oder aber grundlegende Vorgaben erweisen sich als nicht zutreffend oder fehlerhaft. Oftmals wird auf ein konsequentes Management von Änderungen weitgehend verzichtet. Die Folge ist, dass Änderungswünsche entweder ohne Überprüfung ihrer Auswirkungen akzeptiert oder aber rigoros abgelehnt werden. Beides ist keine angemessene Reaktion. Häufige und unkontrollierte Veränderungen erhöhen zwar den Arbeits-, Planungs- und Koordinierungsaufwand, andererseits sollte natürlich die notwendige Flexibilität vorhanden sein, um neuen Herausforderungen gerecht werden zu können.

Änderungswünsche prüfen

Es empfiehlt sich eine systematische Prüfung der Änderungswünsche. Hierfür hat sich der Begriff Claim Management eingebürgert. Claim Management etabliert Verfahren, nach denen mit Änderungswünschen umgegangen wird. So kann erreicht werden, dass Anforderungen aus dem Projektteam und von Seiten der Kunden rasch erfasst und berücksichtigt werden und der Projektleitung zugleich nicht die Kontrolle entgleitet.

Gewünschte Änderungen sollten zunächst auf einem Standardformular beschrieben und begründet werden. Ein solches Formular finden Sie auf der nächsten Seite.

Die Auswirkungen auf andere Arbeitspakete, auf die Komponenten des Projektgegenstandes und auf Termine und Kosten müssen systematisch überprüft werden. Der Änderungsantrag geht an die Projektleitung, die ihn, eventuell unter Hinzuziehung von Fachleuten, prüft und die Auswirkungen schriftlich im Change-Request-Formular festhält. Danach kann eine Entscheidung getroffen werden. In kleineren Projekten befindet die Projektleitung selbst über Änderungen. Bei größeren Projekten gibt es ein besonderes Gremium zur Überwachung und Steuerung von Änderungswünschen (Change Control Board), in dem auch der Auftraggeber vertreten ist.

Änderungsantrag (Change Request)	
Antragsteller:	Datum:
Betroffenes Projekt:	
Betroffenes Arbeitspaket:	
Begründung der Änderung:	
Beschreibung der Änderung:	
Zu ändernde Unterlagen:	
Sonstige Änderungen:	
Auswirkungen der Änderungen auf andere Arbeitspakete:	
Termine und Kosten:	
Funktionalität/Qualität der Ergebnisse:	
Änderungspriorität: ☐ hoch ☐ mittel ☐ niedrig	
Stellungnahmen	
Projektleitung:	
Qualitätsmanagement:	
Andere Fachleute:	
Änderungsantrag genehmigt? ☐ Ja ☐ Nein	
Begründung:	
Durchführungsbescheid/Änderungskonferenz Datum/Unterschrift	

Änderungsverfahren

Den Ablauf eines solchen Änderungsverfahrens gibt die folgende Abbildung wieder:

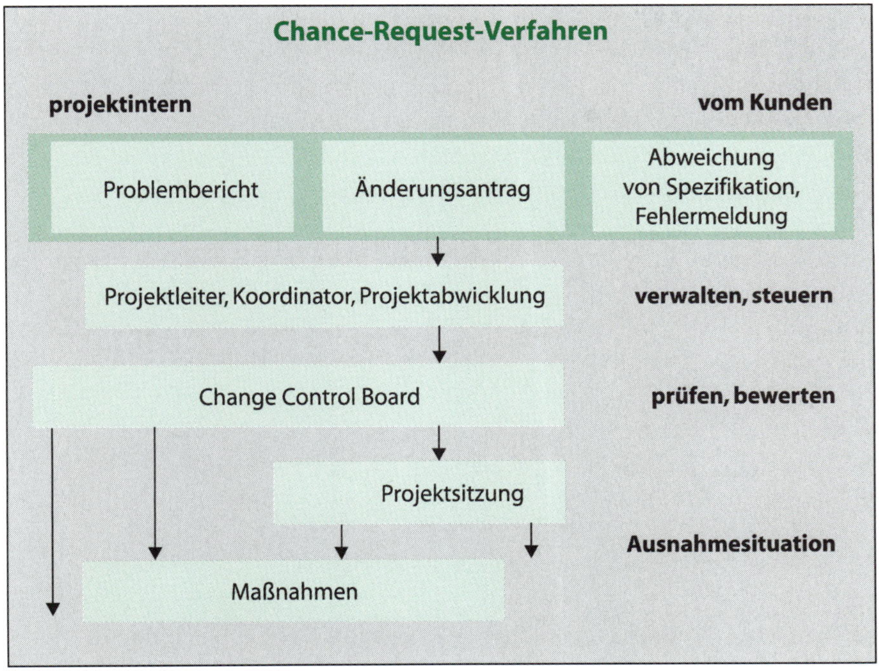

In größeren Organisationen gibt es mitunter einen besonderen Koordinator für das Abwickeln des Change-Request-Verfahrens.

Beachten Sie: Änderungswünsche können zu Änderungen des Projektauftrags führen. Jede wesentliche Änderung des Projektauftrags (inhaltlich, zeitlich, budgetär) muss einem konsequenten Management unterworfen werden. Wird im Projektverlauf erkennbar, dass der Projektauftrag inhaltlich nicht erfüllt, der Endtermin nicht eingehalten werden kann oder das Projektbudget überzogen werden muss, müssen diese Informationen unbedingt an die Verantwortlichen weitergeleitet werden.

Projektmarketing

Notwendigkeit eines Projektmarketing

Erfolgreich geführte Projekte werden oft unterbewertet, weil die Projektziele und die erreichten Ergebnisse zu wenig bekannt sind – was nicht bekannt ist, kann nicht honoriert werden. Deshalb sollte jedes Projekt bereits vor seinem Abschluss von geeigneten Marketingmaßnahmen flankiert werden. Mit einem sorgfältig dosierten **Marketing-Mix** kann die Anerkennung, die schließlich auch einen Teil des Projekterfolgs ausmacht, erheblich verbessert werden. Gezielte **Informationsverteilung** bildet hierbei einen Schwerpunkt.

Halten Sie die Stakeholder auf dem Laufenden, versorgen Sie sie mit wichtigen und interessanten Informationen (zum Beispiel über wichtige Entscheidungen oder personelle Veränderungen im Projekt). Die Weitergabe von Informationen steigert das Vertrauen und die Akzeptanz für Entscheidungen der Projektleitung. Als konkrete Maßnahmen bieten sich an:

- Informationsveranstaltungen für künftige Nutzer,
- Informationsbroschüren (zum Beispiel als Projekt-Newsletter),
- Präsentation und Kommunikation via Intranet (Intranetseite, Informationsforen).

Change Management – ein wichtiges Instrument

Setzen Sie Change-Management-Instrumente ein!

Projekte sind Veränderungsprozesse. Einen Wandel einzuleiten und zu steuern ist eine komplexe und schwierige Aufgabe, die nicht selten fehlschlägt. Als typisch für einen fehlgeschlagenen Veränderungsprozess kann der folgende Projektverlauf gelten:

> Man beginnt mit großer Begeisterung. Ein Kick-Off-Meeting wird veranstaltet, das Management stellt sich hinter den Veränderungsprozess und erklärt das Gelingen als »überlebensnotwendig für die Zukunft des Unternehmens«. Ein umfassender Informations- und Kommunikationsprozess über die Firmenzeitschrift und das Intranet wird angestoßen, ein hochmotiviertes Team erarbeitet ein Soll-Konzept, das allen Beteiligten als tragfähig erscheint. Bei der Umsetzung der Maßnahmen schlägt die anfängliche Begeisterung jedoch bei vielen Betroffenen um. Das Projekt dauert länger als geplant. Stakeholder ziehen sich zurück, zunehmend werden Besitzstände verteidigt – schließlich will niemand »am eigenen Ast sägen«. Die Umsetzung gerät immer mehr ins Stocken. Am Ende ist aus einer guten Idee abermals ein »Schubladenprojekt« geworden.

Weil diese und ähnliche Erfahrungen so oft gemacht wurden, ist heute der Begriff Change Management in aller Munde. Die grundlegende Erkenntnis besteht darin, dass Veränderungsprozesse von **flankierenden Maßnahmen** begleitet werden müssen:

Faktoren für das Gelingen von Veränderungen

Veränderungen gelingen, wenn sie von der Unternehmensleitung mitgetragen und gefördert werden. Die Ist-Situation, das Ziel und der Weg dorthin sollte allen Beteiligten deutlich vor Augen sein. Machen Sie sich früh die Probleme bewusst, die Ihnen auf dem Weg zum Ziel begegnen können und stellen Sie sich darauf ein. Fördern Sie die Kommunikation und das Problembewusstsein der Mitarbeiter. Planen Sie verschiedene Strategien und treffen Sie Entscheidungen gemeinsam. Auch motivierte Mitarbeiter müssen durch eine qualitativ hochwertige Veränderungsplanung, Schulung und Coaching unterstützt werden. Seien Sie sich bei aller Begeisterung der Grenzen des Machbaren bewusst.

Kapitel 8
Instrumente für das Projektmanagement

Methoden und Computertools sinnvoll einsetzen

Techniken zur Problemlösung

Projektarbeit ist Arbeit an der Lösung von Problemen mit häufig seht komplexen Rahmenbedingungen. Im Arbeitsalltag bewährte Planungsweisen können in einem Projekt schnell an die Grenzen ihrer Leistungsfähigkeit stoßen. Die Komplexität der Aufgabenstellung vieler Projekte lässt es ratsam erscheinen, die Planungs- und Entscheidungsprozesse durch geeignete Techniken zu unterstützen. Methodenkompetenz wirkt als Verstärker für andere Kompetenzfelder und erhöht so maßgeblich die Handlungskompetenz.

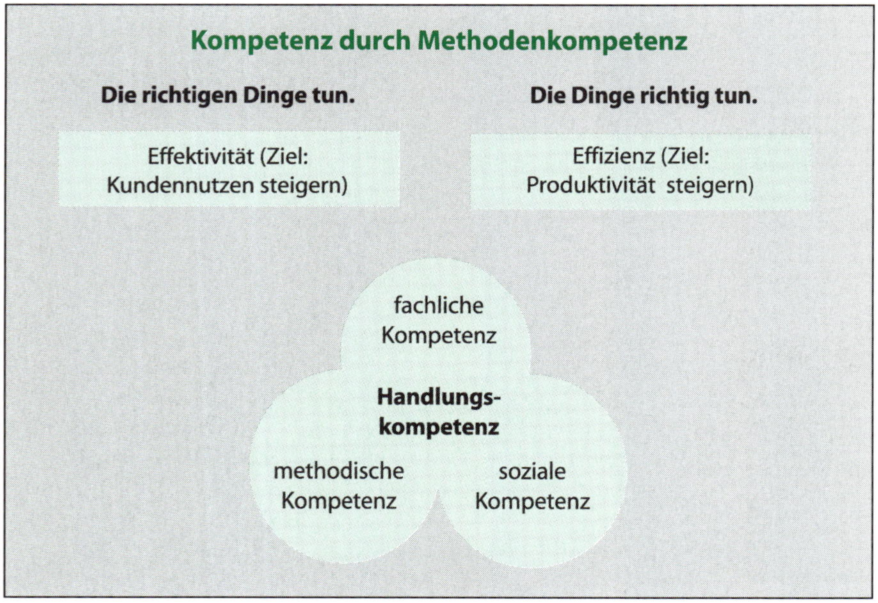

Gestalten Sie den **Problemlösungsprozess** als ein systematisches Vorgehen, in dessen Verlauf Probleme erkannt und dargestellt, Lösungen entwickelt werden und nach einer Entscheidung über den Lösungsweg eine entsprechende Umsetzung in Angriff genommen wird.

Phasen der Problemlösung

Ein solcher Prozess durchläuft **vier Phasen:**

- Problemidentifizierung und Ist-Erhebung,
- Ist-Analyse,
- Soll-Konzept,
- Bewertung und Entscheidung.

In den verschiedenen Phasen können spezielle Arbeitsmethoden und Techniken genutzt werden:

Methoden im Problemlösungsprozess

Problemerkennung und Ist-Erhebung	Ist-Analyse	Soll-Konzept entwickeln	Bewertung und Entscheidung
Methoden und Techniken			
• Techniken zur Zielvereinbarung • Dokumentenanalyse/Internetrecherchen • Bildkartengestaltung • Befragung (Interview, Fragebogen) • Beobachtung	• Aufgabenanalyse • Prozessanalyse • Kommunikationsanalyse • Informationsbedarfsanalysen	• Brainstorming • Mindmapping • morphologische Analyse • merkmalgeschützte Assoziation • Checklistentechnik • Bildkartengestaltung	• Investitionsrechnung • Nutzwertanalyse
Ergebnisse			
• nachvollziehbare und akzeptierte Faktenbasis • dokumentierte Ziele	• quantitative und qualitative Daten • Vorgehen für die identifizierten Hauptansatzpunkte	• klares Bild über Soll-Zustand • Ansatzpunkte für die Umsetzung	• Aktionspläne • Realisierung

Methoden und Techniken zur Unterstützung von Problemlösungsprozessen sind Verfahrensmodelle. Zur Lösung konkreter Probleme müssen sie in der Regel modifiziert werden. Dabei erzielt man mit einer bedarfsgerechten Kombination verschiedener Techniken die besten Ergebnisse. Die Aufgabe der Projektleitung besteht somit in der Auswahl und Anpassung geeigneter Techniken, was die Kenntnis der Stärken und Schwächen unterschiedlicher Methoden voraussetzt.

Softwareunterstützung im Projektmanagement

Neben den Problemlösungstechniken bietet selbstverständlich der Einsatz von Computern Vorteile. Dabei stehen grundsätzlich folgende Softwaretypen zur Verfügung:

- **Projektmanagementprogramme:** Speziell für das Projektmanagement entwickelt, unterstützen sie die Terminplanung (Balkendiagramme, Netzpläne), die Ressourceneinsatzplanung, die Kosten- und Finanzplanung und ein entsprechendes Controlling.
- **Office-Software:** Zentrale Dokumentations- und Verwaltungsaufgaben (Protokolle, Pflichtenheft) können mit Hilfe von Textverarbeitungsprogrammen bearbeitet werden, Tabellenkalkulationsprogramme ermöglichen verfeinerte Kostenkalkulationen und Datenbanksoftware erfüllt wichtige Aufgaben der Speicherung strukturierter Projektdaten. Präsentationsprogramme kommen wie üblich zum Einsatz.
- **Groupware und Intranetlösungen:** Sie erleichtern die Zusammenarbeit im Projektteam durch Mailkommunikation und den unkomplizierten Austausch von Dokumenten.

Erhebungs- und Analysetechniken richtig auswählen und anwenden

Auswahl von Erhebungs- und Analysetechniken

Einige grundlegende Fragen können die Auswahlentscheidung erleichtern:

- Welche Informationen werden benötigt?
- Bis zu welchem Zeitpunkt?
- Welcher Aufwand ist für die Informationsbeschaffung vertretbar?
- Wo und wie können Informationen gefunden werden?

Der Detaillierungsgrad von Informationen steht in einem proportionalen Verhältnis zum Beschaffungsaufwand. Deshalb sollte gelten: So detailliert wie nötig (und nicht wie möglich)!

Die verschiedenen Erhebungstechniken stehen mit der Art der Informationsträger in Verbindung. Informationsträger sind sowohl Menschen als auch Dokumente (Belege, Statistiken, Literatur, technische Zeichnungen), Mikrofilme und Datenbanken. Je nach Art des Informationsträgers kommen spezifische Erhebungsmethoden zum Einsatz:

Erhebungsmethoden

- Beschaffung, Auswertung und Neustrukturierung vorhandener Dokumente (Archive, Datenbanken, Internet),
- Bildkartenmethode,
- Befragung (Interview, Fragebogen),
- Beobachtung (Fremdbeobachtung, Selbstbeobachtung).

Bildkartenmethode anwenden

Die **Bildkartenmethode** ist eine der wichtigsten Methoden, um für das gesamte Projekt Motivation, Partizipation und Akzeptanz zu erzeugen. Mit Bildkarten können Zusammenhänge im Projekt in sehr einfacher Weise visualisiert werden. Ein Beispiel ist die Darstellung von Abläufen und Prozessen. Sie visualisieren die ausgewählten Kategorien von Prozesskomponenten und ihre Beziehungen (Aufgaben, Bearbeiter, Dokument, Ressourcen). Die Aufgaben können mit den Bildkarten in zeitlicher Reihenfolge dargestellt werden, wobei die Bearbeiter, die Dokumente und die Ressourcen zugeordnet werden. Als Ergebnis wird der gesamte Arbeitsfluss abgebildet. Die Mitarbeiter lernen, »in Prozessen« zu denken.

Befragungen durchführen

Bei **mündlichen Befragungen** kann die Durchführung in Form eine Gruppenbesprechung mit den betroffenen Personen organisiert werden (im Stil eines Brainstormings). Andererseits ist auch eine gezielte persönliche Befragung (Interview) von ausgewählten Personen möglich. Ein Interview eignet sich in besonderem Maße zur Beschaffung von Hintergrundinformationen.

Ausgangspunkt zur Durchführung von **schriftlichen Befragungen** ist die Abgrenzung des Untersuchungsfeldes (Was soll erhoben werden? Wer soll befragt werden?) und das Erstellen des Fragebogens. Die Auswahl der Fragen und ihre Formulierung sollte auf die zu befragenden Personen zugeschnitten sein.

An die Erhebung schließt sich die **Analyse** an. Dabei werden die durch die Erhebung gewonnenen Informationen geordnet und systematisch interpretiert. Die Tabelle auf der nächsten Seite gibt einen Überblick über die wichtigsten Analysetechniken.

Techniken der Konzeptentwicklung – mit Kreativität zu neuen Lösungen

Kreativitätstechniken

Haben sich die Projektmitarbeiter aus verschiedenen Blickwinkeln einen Eindruck von der Ausgangssituation sowie den vorhandenen Informationen und Strukturen verschafft, kann die Arbeit an einer Lösung beginnen.

Viele Aktivitäten im Projekt, insbesondere die Suche nach geeigneten Wegen zur Problemlösung, erfordern ein hohes Maß an Kreativität.

Aufgabenanalyse durchführen

Prozessanalyse durchführen

Kommunikationsanalyse durchführen

Analysetechniken im Überblick

Technik	Zweck	Vorgehen
Aufgabenanalyse	Stehen einzelne Aufgaben im Zentrum der Betrachtung, so ist zunächst die Erfassung der anfallenden Aufgaben und eine Gliederung und Klassifikation sinnvoll. In Verbindung mit Zeiten und Aufgabenträgern lassen sich tiefer gehende Analysen vornehmen, die wiederum die Basis für Änderungsansätze sein können.	Ausgehend von der Erhebung der Daten können die Aufgaben hinsichtlich der Merkmale Verrichtung, Objekt, Phase gegliedert und im Hinblick auf Zeiten, Mengen und Qualitäten analysiert werden.
Prozessanalyse	Ziel von Prozessuntersuchungen ist es, Prozesse in ihrem zeitlichen und logischen Zusammenhang mit Blick auf eine Straffung beziehungsweise Beschleunigung zu analysieren.	Zunächst müssen die Geschäftsprozesse identifiziert und abgegrenzt werden, die im Rahmen der weiteren Projektarbeit betrachtet werden sollen, Danach hat sich eine Visualisierung bewährt. Neben der Erfassung der zeitlich-logischen Prozessanordnung können verschiedene Daten zu den einzelnen Arbeitsschritten erfasst werden, um gezielte Auswertungen und Optimierungen vorzunehmen. Zu den wichtigsten Prozessdimensionen zählen Zeiten (Bearbeitungszeit, Transportzeit, Liegezeit), Mengen (Bearbeitungsmengen, Zahl der beteiligten Mitarbeiter) und Kosten.
Kommunikationsanalyse	Kommunikationsbeziehungen, -partner, -techniken und -inhalte werden im Hinblick auf Mengen und Zeiten untersucht.	Schwachstellen der Ist-Situation werden gesucht, um systematisch neue organisatorische und informationstechnologische Rahmenkonzepte zu entwickeln.

Vorgehen für innovative Lösungen

Problemlösungen sind (grob gesprochen) entweder **imitativ** oder **innovativ**. (Natürlich kann auch die Adaption eines vorhandenen Lösungsmodells auf innovative Weise geschehen.) Suchen Sie nach innovativen Lösungen! Erfahrungen zeigen, dass innovative Lösungen oft gefunden werden, wenn neuartige, ungewohnte Wege zur Lösung beschritten werden. Innovative Lösungen erfordern ein **kreatives Vorgehen**, das sich meist dadurch auszeichnet, dass Wissens- und Erfahrungselemente aus unterschiedlichen Bereichen unter Überwindung verfestigter Strukturen zu neuen Ideen und Ansätzen verschmolzen werden. Originelle Ideen zeichnen sich oft gerade dadurch aus, dass sie Prinzipien oder Erfahrungen aus Bereichen nutzen, die vom bearbeiteten Problemfeld weit entfernt liegen.

Welche Kreativitätstechniken stehen zur Verfügung?

Mögliche Kreativitätstechniken

Mit dem Einsatz von Kreativitätstechniken wird versucht, das bildhafte, ganzheitliche Vorstellungsvermögen des Menschen zu fördern, um neue gedankliche Verknüpfungen zu ermöglichen. Es gilt, das in jedem Menschen vorhandene **Potenzial zur Assoziation** zu nutzen. Häufig ist der kombinierte Einsatz verschiedener Techniken zur Kreativitätsfreisetzung sinnvoll. Die folgende Übersicht gibt einige Hinweise, wie Sie die wichtigsten Kreativitätstechniken einsetzen können.

Technik	Zweck	Vorgehen
Brainstorming	Ideengenerierung zu einem vorgegebenen Thema	Freie, moderierte Ideenassoziation
Mindmapping	Ideengenerierung zu einem vorgegebenen Thema	Freie Assoziation zu einem Begriff in der Mitte eines leeren Blattes
Morphologische Analyse	Konzeptentwicklung	Zu Merkmalen eines Konzepts oder einer Lösung werden Ausprägungen gesucht. Die Ausprägungen in den Merkmalen werden zu möglichen Lösungen verbunden
Merkmalgestützte Assoziation	Konzeptentwicklung durch Variation von Lösungsparametern oder Ausprägungen	Mit bestimmten Prüffragen werden vorhandene Situationen oder Lösungsvorstellungen variiert

Brainstorming

Brainstorming anwenden

Das **Brainstorming** ist die bekannteste und am häufigsten angewendete Kreativitätstechnik, um in einer Gruppe Problemlösungen zu erarbeiten. Diese Technik ist speziell darauf ausgerichtet, kreative Denkansätze in Problemlösungssitzungen anzuregen und zu verstärken. Durch wechselseitige Assoziation, Stimulation, Analogiebildung sowie spontane Einfälle soll das Entstehen von Ideen gefördert werden. Im Rahmen eines Brainstormings ist das freie Spiel der Gedanken erwünscht. Eine Gruppengröße von zwölf Personen sollte nicht überschritten werden. Zwischen den Teilnehmern sollten möglichst keine hierarchischen Abhängigkeiten bestehen. Wenn Sie im Projekt ein Brainstorming durchführen möchten, sollten Sie folgende grundsätzliche **Regeln** beachten:

- **Jede Idee ist willkommen:** Jeder Teilnehmer kann seine Ideen vorbringen, ohne Rücksicht auf ihren Wert oder ihre Anwendbarkeit. Die Phase der Ideenfindung muss strikt von der Phase der Ideenbewertung getrennt werden.
- **Kombinationen sind erwünscht:** Bereits geäußerte Ideen können von anderen Teilnehmern aufgegriffen, weiterentwickelt und mit eigenen Ideen kombiniert werden.
- **Quantität hat Vorrang vor Qualität:** Es gilt der Grundsatz »Quantität erzeugt Qualität«. Es sollen möglichst viele Ideen in kurzer Zeit produziert werden. Je größer die Anzahl der Ideen, desto wahrscheinlicher ist es, dass sich darunter Umsetzbares befindet.
- **Kritik darf nicht geübt werden.** Freies Assoziieren und Fantasieren ist hingegen erlaubt.
- **Keine Störungen**.

Mindmapping

Mindmapping einsetzen

Wenn Sie alleine eine Problemlösung generieren möchten, empfiehlt sich die Anwendung der **Mindmapping-Technik**. Sie ermöglicht es, ein komplexes Problem übersichtlich zu strukturieren und so den besten Lösungsweg zu finden.

Im Ergebnis setzt sich ein Mindmap aus Themen, Leitmotiven, Stichwörtern und dazugehörigen Bildern, Symbolen, Verbindungslinien und Farben zusammen. Man geht von einem Gedanken, einer Grundidee aus (Beispiel:

Internetauftritt soll realisiert werden). Diese Grundidee wird zunächst in die Mitte eines möglichst großen Blattes geschrieben. Dann entwickelt man Ideen, die vom Zentrum aus in alle Richtungen gehen können. Vom Ausgangsbegriff gehen weitere Stichwörter ab, von denen wiederum Nebenzweige ausgehen können. So entsteht schnell eine Zeichnung mit merkfähigen Symbolen, Farben und den Verbindungslinien. Die wesentlichen Vorteile dieses Vorgehens: Die Ergebnisse der Teamarbeit werden schnell fixiert und illustriert.

Morphologische Analyse

Morphologische Analyse anwenden

Bei der Technik der morphologischen Analyse wird im Gegensatz zum Brainstorming und Mindmapping auf eher systematischem Weg eine Vielzahl von Lösungsmöglichkeiten kreativ gesucht. Dabei wird das Problem- oder Lösungsfeld in seine Bestandteile (Merkmale, Dimensionen) aufgespaltet. Die einzelnen Merkmale werden untereinander in eine Liste geschrieben. Rechts daneben werden mögliche Ausprägungen der einzelnen Merkmale notiert. Aus der Verbindung der unterschiedlichen Ausprägungen einzelner Merkmale kann eine Fülle von Lösungsvorstellungen abgeleitet werden, die auf andere Weise sicher nicht entstehen können.

Merkmalgestützte Assoziation

Merkmalgestützte Assoziation

Bei der merkmalgestützten Assoziation wird das Denken der beteiligten Personen durch grundsätzliche Fragen geleitet, die auf die meisten Problemfelder angewendet werden können. Diese Fragen basieren auf den Methoden der kreativen Problemlösung, die während der letzten Jahrzehnte in wissenschaftlichen Studien entwickelt wurden. Dabei werden Checklisten zur Verfügung gestellt, die zum einen die Kreativität anregen sollen und zum anderen verhindern sollen, dass wichtige Basisinformationen übersehen werden. Die Beteiligten werden zu folgenden Vorgehensweisen angeleitet:

- genaues Definieren der zu lösenden Aufgabe,
- assoziative Ideengenerierung durch so genannte ferne Denkmuster,
- Ideengenerierung durch exakte Strukturierung der Aufgabenstellung,
- Ideengenerierung durch partielle Veränderung der Aufgabenstellung,
- Möglichkeit des Erstellens eigener Fragenkataloge für aufgaben- oder fachspezifische Problemstellungen.

Die Anwendung der Technik sollte in Phasen erfolgen. Ziel der ersten Phase ist es, eine möglichst große Anzahl von Ideen zu sammeln und in einer vorläufigen Liste zusammenzufassen. Diese Ideen werden notiert. In einer nächsten Phase können die aufgelisteten Ideen bewertet werden, wobei vor allem drei Aspekte untersucht werden: 1. Wie gut löst die Idee das anstehende Problem? 2. Welchen Zusatznutzen bringt die Idee gegenüber anderen Ansätzen? 3. Ist die Idee gut umsetzbar?

Beachten Sie: Für auf kreativem Weg entstandene Ergebnisse gilt grundsätzlich das Prinzip des aufgeschobenen Urteils. Die Erfahrung zeigt, dass oft gerade ausgefallene Lösungen erfolgreich sind, wenn sie nur wirklich verfolgt und umgesetzt werden.

Bewertungs- und Entscheidungstechniken – Seien Sie entscheidungsfreudig!

Anlässe für den Einsatz von Entscheidungstechniken

Eine wichtige Aufgabe in Projekten ist die Bewertung möglicher Gestaltungsalternativen. Oft sind die Entscheidungsaufgaben so komplex, dass vor der endgültigen Entscheidung ausführliche Vorüberlegungen angestellt werden.

Entscheidungsprozesse im Team – gut vorbereiten und dann entscheiden

Vom Projektteam, aber auch von der Projektleitung werden klare und nachvollziehbare Entscheidungen erwartet. Dies ist mindestens ebenso wichtig wie das rechtzeitige Finden und die Umsetzung dieser Entscheidungen. Im Rahmen der Projektarbeit müssen immer wieder Entscheidungen getroffen werden, wobei die Auswirkungen durchaus gravierend sein können. Gerade deshalb sind **Gruppenentscheidungen im Projektteam** notwendig.

Die typische Schwäche dieser Form der Entscheidungsfindung liegt in der diffusen Verantwortung und in den unterschiedlichen Vorstellungen der Gruppenmitglieder. Oft hat sich nur ein Mitglied der Gruppe mit einem Problem gründlich befasst. Diese Person hat dann gegenüber den anderen Mitgliedern der Gruppe einen erheblichen Informations- und Wissensvorsprung, sodass die übrigen Personen manchmal nur schwer widersprechen können. Die Entscheidung ist also praktisch eine individuelle, die Verantwortung hingegen ist kollektiv. Dessen sollte man sich bewusst sein, wenn Gruppenentscheidungen anstehen.

Der wirkliche Test für Entscheidungsfreude steht an, wenn »schmerzhafte« Entscheidungen zu treffen sind. Viele Menschen glauben, unangenehme Entscheidungen aussitzen zu können. Das ist meist ein Fehler. Andererseits ist die schnelle Entscheidung nicht immer die beste. Nehmen Sie sich Zeit für eine bewusste Entscheidung, aber entscheiden Sie!

Die meisten Entscheidungen werden Sie sicher aus Routine, »aus dem Bauch« heraus treffen. Dies ist zwar durchaus ein Zeichen von Entscheidungsfreude, aber nicht immer sinnvoll. Bei komplexen Entscheidungen empfiehlt sich ein genaueres Durchdenken der Entscheidungsbedingungen und der Einsatz eines besonderen Entscheidungsverfahrens.

Befassen Sie sich mit Entscheidungs- und Bewertungstechniken. Techniken wie die Nutzwertanalyse formalisieren die Entscheidungsfindung. Auf diese Weise werden Ergebnisse vergleichbar und Bewertungsprozesse können von Dritten nachvollzogen werden.

Entscheidungen treffen durch systematisches Vorgehen

Vorgehen zur Entscheidungsfindung

Unabhängig vom der Entscheidungssituation ist ein systematisches Vorgehen geboten. Verlassen Sie sich nicht allein auf subjektive Einschätzungen. Durch die Einbettung subjektiver Einschätzungen in formalisierte Bewertungsverfahren werden Bewertungs- und Auswahlprozesse nachvollziehbar.

Die **Techniken der Bewertung** können in Orientierung an der Messbarkeit der Entscheidungsmerkmale unterschieden werden. Nehmen wir als Beispiel die Auswahlentscheidung über ein Softwareprodukt, die im Projektverlauf zu treffen ist. Als wesentliche Entscheidungsmerkmale können dabei die Einmalkosten, die Funktionalität und die Bedienbarkeit angesehen werden. Die Kosten sind eindeutig messbar, während die Bedienbarkeit als eine zumindest teilweise subjektive Qualität erscheint.

Wirtschaftlichkeitsrechnungen

- Bei monetärer Messbarkeit aller Merkmale finden die Verfahren der **Wirtschaftlichkeitsrechnung** Anwendung (einschließlich der statischen und dynamischen Investitionsrechnung). Die Entscheidungsempfehlung ergibt sich aus dem monetären Vorteil einer Alternative.
- Lassen sich die Merkmale nicht vollständig monetär bewerten, ist die **Nutzwertanalyse** angebracht. Der Nutzwert einer Alternative ergibt sich aus der Ermittlung von Teilnutzwerten je Merkmal (quantifiziert) und ihrer Addition zu einem Nutzwert je Lösungsmöglichkeit. Empfohlen wird die Auswahl der Alternative, die den höchsten Nutzwert aufweist.

Quantitative Methoden der Wirtschaftlichkeitsrechnung (zum Beispiel Kostenvergleichsrechnung und Kapitalwertrechnungen) arbeiten mit Kosten- und Erlösdaten. Sie berücksichtigen ausschließlich monetär messbare Größen und sind deshalb vor allem bei Investitionsentscheidungen von Bedeutung. Viele Entscheidungen können jedoch ohne eine Berücksichtigung qualitativer Aspekte nicht getroffen werden.

Nutzwertanalyse anwenden

Die **Nutzwertanalyse** verzichtet hingegen auf eine Bewertung in Geldeinheiten und gewichtet stattdessen die positiven und negativen Effekte einer Alternative. Sie ist natürlich weniger objektiv, ermöglicht jedoch eine tendenzielle Einschätzung verschiedener Alternativen unter Einbezug qualitativer Größen. Die Nutzwertanalyse wurde in Kapitel zwei bereits vorgestellt.

Entscheidungsalternativen

✔ **maximale Kosten < 300.000**

	PC	Netzwerk	Host
Muss-Ziel			
Kosten	150.000	250.000	280.000
Einführung bis ...	ja	ja	ja

Kann-Ziel	Gewicht	Punkte	Gewicht * Punkte	Punkte	Gewicht * Punkte	Punkte	Gewicht * Punkte
Kosten	20						
Wartung	10						
Verkauf	10						
Schrift	10						
Korrektur	15						
Komfort	5						
Lärm	20						
Servicequalität	5						
Schnelligkeit	5						
	Summe:		0		0		0
Zielerreichungsgrad (von 1.000):			0%		0%		0%

Das Beispiel zeigt drei Entscheidungsalternativen und macht deutlich, dass zwischen Muss- und Kann-Zielen differenziert werden kann. Nach Eingabe der Punkte werden diese mit dem Gewicht multipliziert und in der Spalte »Gewicht * Punkte« angezeigt. Die Gesamtpunkte einer Variante werden dann durch die Addition der Produkte errechnet und jeweils in der Zeile Summe angegeben. Darunter erscheint der **Zielerreichungsgrad** der einzelnen Varianten in Prozent. Die Variante mit dem höchsten Zielerreichungsgrad ist zu wählen.

Bewertung der Nutzwertanalyse

Bei komplexen Entscheidungen fördert die Nutzwertanalyse die Entscheidungsfreude. Entscheidungsprozesse können gezielt und systematisch moderiert werden, Bewertungskriterien werden offen gelegt, und der Entscheidungsprozess gewinnt an Qualität. Ergebnisse, die in dieser Form dokumentierbar zustande kommen, können mit einer hohen Akzeptanz bei allen Beteiligten rechnen. Der Zeitaufwand, den eine umfassende Nutzwertanalyse zwangsläufig verursacht, lässt sich durch den Einsatz eines Computerprogramms mitunter deutlich reduzieren.

Projektmanagement-Software – Was sie leistet und wie man sie auswählt

Projektmanagement-Software nutzen

Der Aufwand, den ein systematisches Projektmanagement verursacht, zahlt sich meist schnell aus. Dennoch ist der Arbeitsaufwand nicht zu unterschätzen, insbesondere wenn an das Projektergebnis hohe Qualitätsansprüche gestellt werden. Deshalb liegt es nahe, alle Möglichkeiten prüfen, wie sich einerseits der Verwaltungsaufwand reduzieren lässt, andererseits Informationen über den Stand des jeweiligen Projektes verbessert und schneller verfügbar gemacht werden können.

Projektmanagementsoftware – wozu?

Computer sind zu einem unentbehrlichen Werkzeug zur Unterstützung des Projektmanagements geworden. Ein geeignetes **Projektmanagementprogramm** bietet Projektleitern die Möglichkeit, eine effizientere Planung und Steuerung der zu betreuenden Projekte zu realisieren. Auch Projektmitarbeiter profitieren davon, wenn orientierende und motivierende Zielvorgaben erstellt, Aufgaben präzise zugewiesen und damit gleichzeitig die Rahmenbedingungen für eine positive Teamarbeit geschaffen werden. Betrachten Sie die Übersicht über die Möglichkeiten von Projektmanagement-Software auf der nächsten Seite.

Wenn Sie sich grundsätzlich für ein computerunterstütztes Projektmanagement entschieden haben, gilt es, die geeignete Software auszuwählen. Da das Angebot recht stattlich ist, die Leistungsunterschiede jedoch mitunter erheblich sind, muss die Auswahl sorgfältig und in enger Abstimmung mit den Anforderungen erfolgen.

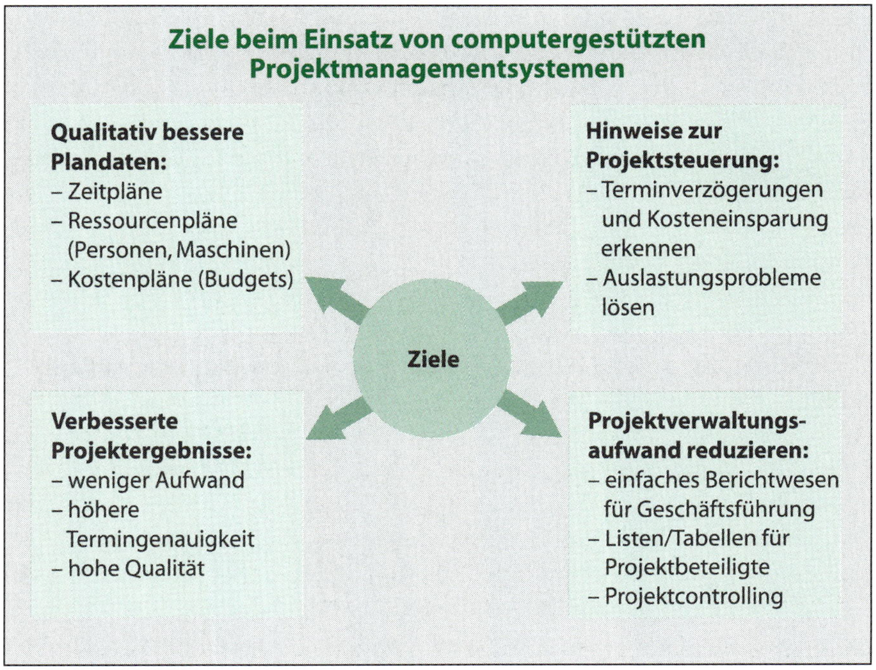

Zu Beginn eines Projektes hilft ein Computerprogramm noch recht wenig. Die Zieldefinition und die Analyse der Rahmenbedingungen für die Projektarbeit muss der Projektleiter in Zusammenarbeit mit dem Projektteam und dem Auftraggeber vornehmen. Demgegenüber kann gerade in der Planungs- und Steuerungsphase ein Programm wertvolle Unterstützung leisten.

Wie Projektmanagementprogramme arbeiten

Arbeitsweise von Projektmangement-Software

Vor der Entscheidung über ein geeignetes Programm sollten Sie sich vergegenwärtigen, wie Programme dieser Kategorie arbeiten. Ungeachtet des Angebots gibt es viele Gemeinsamkeiten.

Ausgangspunkt für den Einsatz eines jeden Programms sind Vorüberlegungen zur Projektstruktur (Definition des Projektziels, Abgrenzung der Aufgabe, Teilaktivitäten festlegen und Abhängigkeiten bestimmen). Anschließend kann die Arbeit am Computer beginnen. In einem ersten Schritt wird eine **programmgestützte Projektplanung** erstellt. Dazu sind folgende Aktivitäten nötig:

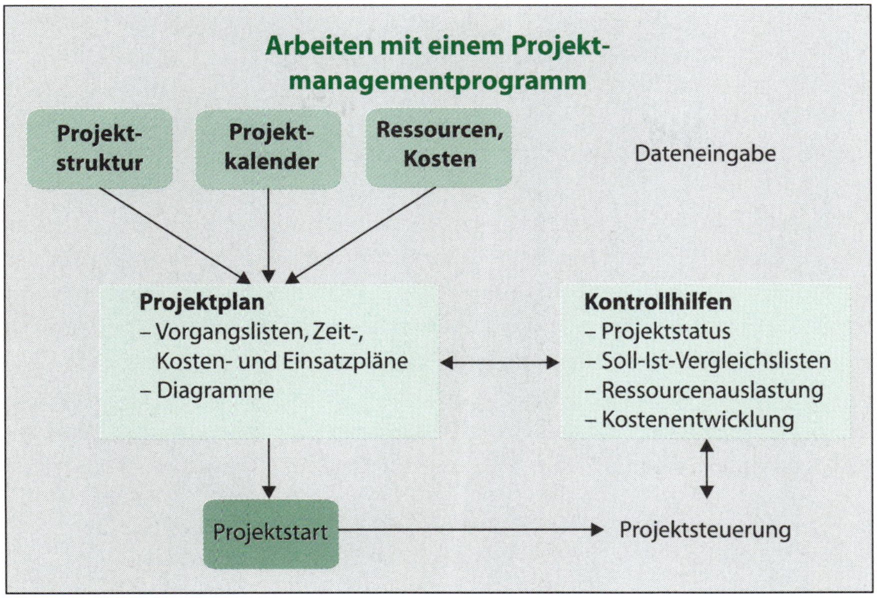

Dateneingabe

- Eingabe von **Startinformationen** (Startzeitpunkt, allgemeine Projektinformationen wie Projektleitung, Mitarbeiter),
- **Projektkalender** definieren oder auswählen (Arbeitszeitraum, Freizeiten),
- **Vorgangsdaten** eingeben (Benennung der Vorgänge, geschätzten Zeiten, Abhängigkeiten der Vorgänge),
- Erfassung von **Ressourcen und Kosten** (Eingabe der zur Verfügung stehenden Personen und Betriebsmittel sowie der entsprechenden Kosten),
- **Zuweisung von Personal und Betriebsmitteln** (Art und Menge der einzusetzenden Personen, Maschinen und Materialien je Vorgang).

Berechnungen durch Projektmanagement-Software

Auf Basis der eingegebenen Daten errechnet das Programm Planzeiten, die wahrscheinlich anfallenden Kosten (insgesamt sowie auf einzelne Vorgänge und Ressourcen bezogen) und die Ressourceneinsatzzeiten. Durch Einsatz eines Projektmanagementprogramms in der Planungsphase

- lässt sich die Projektstruktur in übersichtlicher Weise aufzeigen (mittels Vorgangslisten, Balkendiagramm und Netzplan),
- kann automatisch eine Vielzahl wichtiger Plan- und Kontrolltermine ermittelt werden,
- werden wichtige Daten zur Budget- und Ressourcenplanung zur Verfügung gestellt,

- können Änderungen schnell ohne großen Aufwand im Projektplan berücksichtigt werden,
- können verschiedene Konstellationen (etwa unterschiedlicher Personaleinsatz) durchgespielt werden, um herauszufinden, welche Auswirkungen diese auf das Gesamtprojekt haben (What-If-Analysen).

Softwarenutzung für Kontrolle und Steuerung

Nach dem Projektstart verlagert sich der Aufgabenbereich des Projektleiters auf die **Kontrolle und Steuerung**. Zu diesem Zweck müssen die Ist-Zeiten, der Ressourcenverbrauch und die tatsächlich anfallenden Kosten kontinuierlich erfasst werden. Nach Eingabe der Ist-Daten kann ein Projektmanagementprogramm verschiedene **Soll-Ist-Vergleiche** durchführen und sie in Form von Statusübersichten, Vergleichslisten, Entwicklungsübersichten und Auslastungsdiagrammen darstellen. Termine werden automatisch fortgeschrieben, und die ständig aktualisierten Ist-Daten können für Dokumentationszwecke nutzbar gemacht werden.

Der Vorteil eines Projektmanagementprogramms liegt vor allem in der Übersichtlichkeit und Schnelligkeit bei der Planung und Steuerung. Eines macht der Computereinsatz jedoch nicht überflüssig: Die detaillierten Vorüberlegungen durch den Projektverantwortlichen und das Projektteam.

Projektmanagementsoftware auswählen

Auswahlfragen

Bevor Sie sich für ein bestimmtes Projektmanagementprogramm entscheiden, sollten Sie folgende Fragen klären:

- Welcher Art sind die zu unterstützenden Projekte?
- Welcher Zeitrahmen steht zur Verfügung?
- Welche Verwaltungsarbeiten sind notwendig?
- Welche Daten werden für Planungs-, Steuerungs- und Dokumentationszwecke benötigt?

Die in die engere Wahl einbezogenen Programme müssen eingehender betrachtet werden. Um zu einer weitgehend objektiven Beurteilung zu gelangen, ist es sinnvoll, eine **Checkliste** zu erstellen, die sämtliche Anforderungen enthält. Im Mittelpunkt stehen die Funktionen des Programms. Darüber hinaus sollten Sie Kriterien wie Bedienungskomfort, Systemanforderungen und die Möglichkeit des Arbeitens in Netzwerken berücksichtigen.

Projektstrukturplanung

Projektstruktur dem Programm »mitteilen«

Bei der Erstellung eines Projektstrukturplans ist es hilfreich, wenn die Software über eine Outlining-Funktion verfügt. Diese Funktion ermöglicht die Bearbeitung und Auswertung des Strukturplans auf unterschiedlichen Ebenen. Verschiedene Verantwortungsbereiche können als »Strukturbäume« dargestellt werden.

Die Eingabe der Projektaktivitäten erfolgt meist mit Hilfe einer listenförmigen Erfassungsmaske:

	❶	Vorgangsname	Dauer	Anfang	Ende	Vorgänger
1		Grobe Vorstudie	2 Tage	Mi 30.04.03	Fr 02.05.03	
2		Istanalyse derzeitiger Webauftritt	2 Tage	Mo 05.05.03	Di 06.05.03	1
3		Istanalyse Software	0,5 Tage	Mo 05.05.03	Mo 05.05.03	1
4		Schnittstellenanalyse	2 Tage	Mo 05.05.03	Di 06.05.03	1
5		Anforderungsermittlung Website	6 Tage	Mo 05.05.03	Mo 12.05.03	1
6		Pflichtenhefterstellung	2 Tage	Di 13.05.03	Mi 14.05.03	2;3;4;5
7		Design Benutzeroberfläche	4 Tage	Do 15.05.03	Di 20.05.03	6
8		Konzeptionierung Kundenformulare	5 Tage	Do 15.05.03	Mi 21.05.03	6
9		Modellierung interne Verwaltung	4 Tage	Do 15.05.03	Di 20.05.03	6
10		Erstellung HTML-Seiten	7 Tage	Do 22.05.03	Di 03.06.03	9;7;8
11		Programmierung Java-Scipts	5 Tage	Mi 04.06.03	Mi 11.06.03	10
12		Programmierung Buttons/Grafiken	2 Tage	Mi 04.06.03	Do 05.06.03	10
13		Erstellung Diagramme	4 Tage	Mi 04.06.03	Di 10.06.03	10
14		Anlegen HTML-Dokumentation	1 Tag	Do 12.06.03	Do 12.06.03	13;10;11;12
15		Installation Hard- und Software	5 Tage	Fr 13.06.03	Fr 20.06.03	14
16		Implementierung Homepage	1 Tag	Mo 23.06.03	Mo 23.06.03	15
17		Anwenderschulung	4 Tage	Di 24.06.03	Fr 27.06.03	16;15
18		Systemwartung	2 Tage	Mo 30.06.03	Di 01.07.03	17;16

Einige Programme arbeiten mit einer grafikorientierten Eingabe. Die Datenerfassung erfolgt dann in Form eines Netzplans.

Viele Programme bieten die Möglichkeit, Haupt- und Unterprojekte zu definieren und diese miteinander zu verbinden. Größere Projekte lassen sich so einfacher bearbeiten. Eine Erweiterung dieser Funktion stellt die Möglichkeit zum Multiprojektmanagement dar. Dies ist erforderlich, wenn mehrere Gruppen und Abteilungen gleichzeitig Projekte durchführen, die auf dieselben Einsatzmittel zurückgreifen.

Zeitplanung

Kalenderdaten erfassen

Ausgangspunkt der Zeitplanung sind die Daten, die in die Kalenderfunktion des Programms eingespeist werden. Der Kalender wird über eine Maske bedient, mit der sich sämtliche Zeitdaten erfassen lassen.

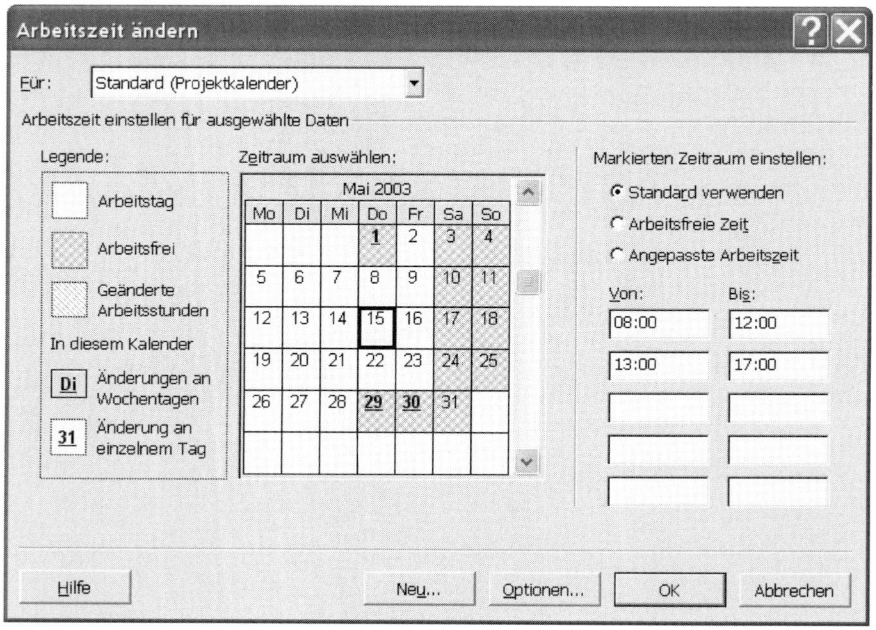

Start- oder Endzeitpunkt angeben

Um eine genaue Berechnung verschiedener Termine zu ermöglichen, sind zwei grundsätzliche Zeitangaben notwendig: der Startzeitpunkt oder alternativ der Endzeitpunkt des Projekts sowie ein Schätzwert bezüglich der Dauer eines jeden Vorgangs. Einige Programme bieten erweiterte Möglichkeiten. Sie erlauben zum Beispiel die Festlegung von Minimal- oder Maximaldauer eines Vorgangs oder die Eingrenzung des Start- oder Endzeitpunkts auf einen bestimmten Wochentag oder eine spezielle Arbeitsschicht. Von Vorteil ist ebenfalls, wenn bestimmte Termine (wichtige Besprechungen, Meilensteine) besonders hervorgehoben werden können.

Ressourcenverwaltung

Ressourcendaten erfassen

Vorgänge benötigen Ressourcen, seien es Mitarbeiter, Maschinen oder andere Einsatzmittel. Die Ressourcenplanung erfordert eine Erfassung aller eingesetzten Ressourcen und deren Zuordnung zu einzelnen Tätigkeiten.

Die Ressourcen können oft im Rahmen der Vorgangsdatenerfassung eingegeben werden: Für jeden Vorgang werden Art und Anzahl der erforderlichen Personen, Maschinen und sonstigen Sachmittel benannt. Manche Programme bieten die komfortable Möglichkeit, aus einem Ressourcenverzeichnis auszuwählen und dieses durch Direkteingaben zu ergänzen. Oft erweist es sich als vorteilhaft, wenn die Ressourcen projektspezifisch in Kategorien gefasst werden können.

	❶	Ressourcenname	Art	Materialbeschri	Kürzel	Gruppe	Max. Einh.	Standardsatz	Überstd.-Satz	Kosten/Einsatz
1		Projektleiter1	Arbeit		PL1		100%	0,00 €/Std.	0,00 €/Std.	0,00 €
2		Projektleiter2	Arbeit		PL2		50%	0,00 €/Std.	0,00 €/Std.	0,00 €
3		Programmierer1	Arbeit		Pro1	Programmierer	100%	0,00 €/Std.	0,00 €/Std.	0,00 €
4		Programmierer2	Arbeit		Pro2	Programmierer	100%	0,00 €/Std.	0,00 €/Std.	0,00 €
5		Programmierer3	Arbeit		Pro3	Programmierer	100%	0,00 €/Std.	0,00 €/Std.	0,00 €
6		Webdesigner1	Arbeit		Web1	Webdesigner	100%	0,00 €/Std.	0,00 €/Std.	0,00 €
7		Webdesigner2	Arbeit		Web2	Webdesigner	100%	0,00 €/Std.	0,00 €/Std.	0,00 €
8		Webdesigner3	Arbeit		Web3	Webdesigner	100%	0,00 €/Std.	0,00 €/Std.	0,00 €
9		Systemadministrator	Arbeit		Sys1		100%	0,00 €/Std.	0,00 €/Std.	0,00 €
10		Systemanalytiker	Arbeit		Ana1		100%	0,00 €/Std.	0,00 €/Std.	0,00 €

Um eine gezielte Zuordnung von Ressourcen vornehmen zu können, ist die Berücksichtigung von Restriktionen erforderlich.

Bei einer Zusammenführung von Zeit- und Ressourcenplanung kann für jede Ressource ein eigener Kalender erstellt werden, was die Koordinierung des Ressourceneinsatzes und die Auslastungsanalyse wesentlich erleichtert.

Es gibt Projektmanagementsysteme, die den Benutzer bei der Erfassung von Ressourcendaten automatisch auf Konflikte hinweisen, etwa auf zu einem bestimmten Termin mehrfach eingeplante Arbeitskräfte oder Maschinen. Sobald ein Kapazitätslimit erreicht wird, gibt das System eine Meldung, und die Planung kann sofort modifiziert werde.

Kostenermittlung und Kostenmanagement

Softwaregestützte Kostenplanung

Die Zeit und Ressourcendaten bieten eine gute Möglichkeit, eine präzise computergestützte Kostenplanung vorzunehmen. Bei der Erfassung und Auswertung ist zumeist eine Differenzierung der Kostenarten und eine Unterschei-

Kostenerfassung

dung der anfallenden Kosten nach Aktivitäten und Zeiträumen gewünscht. Die Software sollte unbedingt eine Aufspaltung in fixe und variable Kosten unterstützen und die variablen Kosten nach Eingabe der Faktorpreise (zum Beispiel der Stunden- oder Tagessätze beteiligter Mitarbeiter) aus der Ressourcenmenge berechnen. Eine weiter gehende Gliederungsmöglichkeit nach Kostenarten ist natürlich ebenfalls von Vorteil.

		Ressourcenname	Art	Mat	Kürzel	Gruppe	Max. Einh.	Standardsatz	Überstd.-Satz	Kosten/Einsatz	Fällig am
1		Projektleiter1	Arbeit		PL1		100%	130.000,00 €/Jahr	0,00 €/Std.	0,00 €	Anteilig
2		Projektleiter2	Arbeit		PL2		50%	75.000,00 €/Jahr	0,00 €/Std.	0,00 €	Anteilig
3		Programmierer1	Arbeit		Pro1	Programmierer	100%	500,00 €/Tag	0,00 €/Std.	0,00 €	Anteilig
4		Programmierer2	Arbeit		Pro2	Programmierer	100%	500,00 €/Tag	0,00 €/Std.	0,00 €	Anteilig
5		Programmierer3	Arbeit		Pro3	Programmierer	100%	400,00 €/Tag	0,00 €/Std.	0,00 €	Anteilig
6		Webdesigner1	Arbeit		Web1	Webdesigner	100%	50,00 €/Std.	60,00 €/Std.	0,00 €	Anteilig
7		Webdesigner2	Arbeit		Web2	Webdesigner	100%	40,00 €/Std.	50,00 €/Std.	0,00 €	Anteilig
8		Webdesigner3	Arbeit		Web3	Webdesigner	100%	40,00 €/Std.	50,00 €/Std.	0,00 €	Anteilig
9		Systemadministrator	Arbeit		Sys1		100%	55,00 €/Std.	65,00 €/Std.	0,00 €	Anteilig
10		Systemanalytiker	Arbeit		Ana1		100%	55,00 €/Std.	65,00 €/Std.	0,00 €	Anteilig

Plankosten berechnen

Die geplanten Kosten können sich sowohl auf das gesamte Projekt beziehen als auch auf bestimmte Aktivitäten und Ressourcen. So können für eine am Projekt beteiligte Arbeitskraft die anfallenden Arbeitszeiten und Lohnkosten eingegeben werden. Das Programm errechnet dann automatisch die Plankosten dieser Arbeitskraft in Bezug auf das Gesamtprojekt und für einzelne Aktivitäten. Damit kann eine gezielte Kostenüberwachung vorgenommen und möglichen Fehlentwicklungen durch schnelle Entscheidungen entgegengesteuert werden.

Planerstellung und Ergebnisausgabe

Plantermine ermitteln

Ausgehend von den erfassten Rahmendaten kann ein Projektmanagementprogramm **verschiedene Plandaten** ermitteln. Im Allgemeinen werden zunächst die frühesten Zeitwerte vom ersten bis zum letzten Vorgang ermittelt (progressiver Berechnungsmodus). Alternativ ist eine Rückwärtsrechnung von der letzten Aktivität bis zum Startvorgang möglich (retrograder Berechnungsmodus), sodass späteste Anfang- und Endtermine feststehen. Aus der Addition der Einzeldauern aufeinander folgender Schritte erhält man das geplante Projektende.

Hinsichtlich des Ressourceneinsatz sind neben der Gesamtsumme Über- und Unterkapazitäten sowie der Auslastungsgrad von Interesse. Hilfreich ist die Möglichkeit, die Nutzung einzelner Ressourcen in Form eines Balkendiagramms darstellen zu können.

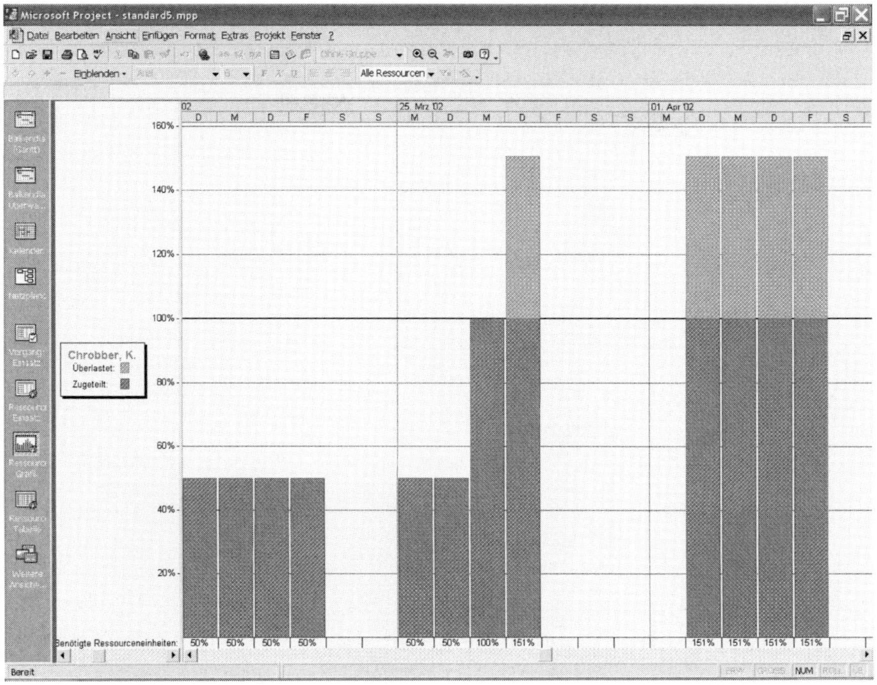

Balkendiagramme und Netzpläne sind die üblichen Darstellungstechniken für Projektdaten. Die Darstellung sollte multidimensional veränderbar sein (Ressourcen, Zeiten, Aufgaben, Meilensteine, kritische Vorgänge). Für Projekte mit langer Dauer ist es wichtig, dass die Zeitskala frei variiert werden kann.

Auslastungsdiagramme

Datenaustausch mit anderen Programmen und Individualisierung

Einige Projektplanungssysteme bieten die Möglichkeit, die im Rahmen der Projektplanung erzeugten Daten an andere Programme zu übergeben. Diese Funktion ist wichtig. So ist für eine weitergehende Auswertung die Übergabe an ein Tabellenkalkulationsprogramm möglich, zur Erstellung einer Dokumentation die Übergabe an das verwendete Textprogramm.

Anwendungs-integration

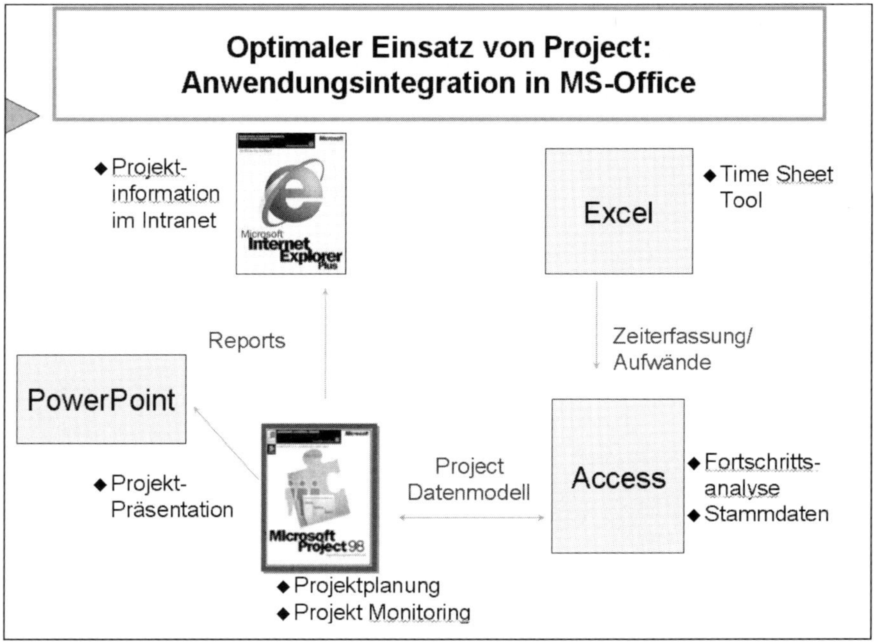

Teammanagement und Internet-Integration

Webgestützte Zusammenarbeit im Projekt

Projektdaten, die mit einem Projektmanagementprogramm erzeugt wurden, können in das HTML-Format übertragen und im Internet/Intranet präsentiert werden.

Projektmanagement ist ein kooperativer Prozess. Erfolgreiche Projektarbeit ist nur möglich, wenn es gelingt, effizient zusammenzuarbeiten. Eine erfolgreiche Zusammenarbeit hängt zu einem Großteil davon ab, ob Zielsetzungen, Erwartungen und Projektstatusinformationen klar weitergegeben werden. Integrierte Mail- und Groupware-Funktionen können die Zusammenarbeit entscheidend verbessern.

Entwickeln Sie aus diesen Merkmalen eine Checkliste, die Sie bei der Auswahl eines Projektmanagementprogramms unterstützt.

Programmangebote zum Projektmanagement

Am weitesten verbreitet sind bereits seit längerer Zeit folgende Produkte:

- **Artemis-Produktfamilie**
  Artemis International GmbH
  Ridlerstr. 31a, 80339 München, www.artemispm.de
- **MS-Project**
  Microsoft GmbH
  Edisonstr. 1, 85716 Unterschleißheim, www.microsoft.com/germany/
- **Project Scheduler**
  Scitor GmbH
  Platter Str. 79, 65232 Taunusstein, www.scitor.de

Projektmanagement via Web

Webangebote für das Projektmanagement

Durch Technologien wie E-Mail und Internet, die eine webgestützte Terminplanung und ein Dokumentenmanagement im Web ermöglichen, ist eine neue Infrastruktur entstanden, über die Projektmitarbeiter Informationen einfach und schnell weiterleiten können. Projektarbeit kann nun auf eine neue Basis gestellt werden.

Innerhalb eines Projekts bietet sich der Einsatz von **Groupware** an. Bekannte Produkte sind Lotus Notes und Microsoft Exchange. Die typischen Funktionen von Groupware-Produkten für das Projektmanagement sind:

- **Kommunikationsfunktion:** Neben dem einfachen Versenden und Empfangen von E-Mails sind meist auch die Weiterleitung von Nachrichten eines Absenders an viele Empfänger (Verteilerlisten, Rundschreiben) sowie das integrierte Versenden von Dateien und Faxen möglich. Erweiterte Systeme verfügen über Electronic-Messaging-Funktionen.
- **Terminplanung und Terminkoordination in Gruppen:** Bei Einsatz entsprechender Groupware können Termine innerhalb der Projektgruppe über mehrere elektronische Kalender hinweg abgestimmt werden. Das System kann automatisch freie Termine in einem bestimmten Zeitrahmen suchen oder bei Vorgabe von Terminen prüfen, wo Überschneidungen vorliegen. Darüber hinaus können projektbezogene Gruppenkalender eingerichtet werden, die vom System automatisch aktualisiert werden.
- **Dokumentenmanagement:** Groupware erlaubt eine gemeinsame Bearbeitung von Projektdokumenten. Damit ist gleichzeitig eine Basis für den Auf- und Ausbau eines Wissensmanagementsystems gegeben.

Möglichkeiten für webgestütztes Projektmanagement

- **Einrichtung virtueller Arbeitsbereiche für Teams:** Mitarbeiter verschiedener Unternehmensbereiche oder Unternehmen nutzen Diskussionsforen, Dateiablagen, Aufgabenverwaltung und Kalenderfunktionen eines virtuellen Arbeitsbereichs.
- **Echtzeitkommunikation im Web:** Diese Funktion erlaubt es, über Chat-, Audio- und Video-Konferenzen direkt miteinander zu kommunizieren und Dokumente oder Anwendungen via Web gemeinsam zu bearbeiten.

Durch das Internet haben sich die Möglichkeiten von Groupware erweitert. Mit der wachsenden Globalisierung von Arbeitsprozessen gewinnen Groupwaresysteme an Relevanz, die ihre Funktionen im Standard-Webbrowser zur Verfügung stellen. Durch diese Entwicklung wird der Webbrowser zunehmend zur integrierenden Benutzeroberfläche für computergestützte Teamarbeit im Unternehmen und für unternehmensübergreifende Projekte.

Eine Erweiterung der Anwendungen bietet sich für Projekte an, in denen eine orts- und unternehmensübergreifende Zusammenarbeit gewünscht ist. Ein Beispiel: Wichtige Projekte mit straffen Zeitplänen benötigen nicht nur E-Mail, Voice Mail, Fax und gemeinsame Besprechungen. Oftmals sind Teammitglieder auch außerhalb der Unternehmens-Firewall und über mehrere Zeitzonen verteilt. Hier werden dann die erweiterten Webfunktionen benötigt, um ein integriertes Arbeiten zu ermöglichen.

Vorteile

Wesentliche Vorteile von webbasierten Kommunikationsfunktionen für das Projektmanagement sind:

- **Eine erfolgreichere Teamarbeit:** Teammitglieder können einen täglichen Arbeitsplan und ein individuelles Balkendiagramm (Gantt) im Kontext ihrer Projekte anzeigen, tatsächlich aufgewendete Stunden für Projektvorgänge und arbeitsfreie Zeit eingeben und Kollegen über Urlaub oder andere Abwesenheitszeiten informieren. Mit der Berechtigung eines Projektmanagers können außerdem Vorgänge hinzugefügt oder an andere Teammitglieder Vorgänge delegiert werden.
- **Fortschrittsüberwachung durch aktuelle Informationsbereitstellung:** Projektmanager können bestimmen, welche Informationen automatisch aktualisiert werden können und welche Informationen von ihnen überprüft werden müssen, bevor ein Projekt aktualisiert wird.
- **Bereitstellung von umfassenden Projektinformationen**. Leitende Angestellte und andere Verantwortliche können sich Berichte anzeigen lassen, damit sie den Fortschritt besser beurteilen können. Sie können dann ganz nach Wunsch Einzelheiten untersuchen.

- **Standardisierte Arbeitsprozesse sparen Zeit und Frust**. Über einen zentralen Server kann jeder zu jeder Zeit die für das Projekt wichtigen Dateien finden. Auf dem Server lagern verschiedene Projektordner mit nach einheitlichen Regeln benannten Unterordnern und Dateien.

Kapitel 9
Projekte erfolgreich abschließen

Ende gut, alles gut?

Die Abnahme durch den Auftraggeber und die Übergabe der Ergebnisse an ihre Nutzer beschließen ein Projekt. Ein systematischer Abschluss, zu dem auch die Auswertung der während der Projektarbeit gesammelten Erfahrungen zählt, findet in der Praxis noch zu selten statt. Dies mag daran liegen, dass gegen Ende des Projekts etliche Mitarbeiter nur noch punktuell Leistungen für das Projekt erbringen und bereits mit neuen Aufgaben beschäftigt sind.

Werden unternehmensinterne Projekte nicht richtig abgeschlossen, so besteht die Gefahr, dass das Projekt »unter der Hand« fortgesetzt wird und dadurch Kapazitäten gebunden werden. Ein guter Projektabschluss sollte die folgenden Aktivitäten umfassen:

Aktivitäten zum Projektabschluss

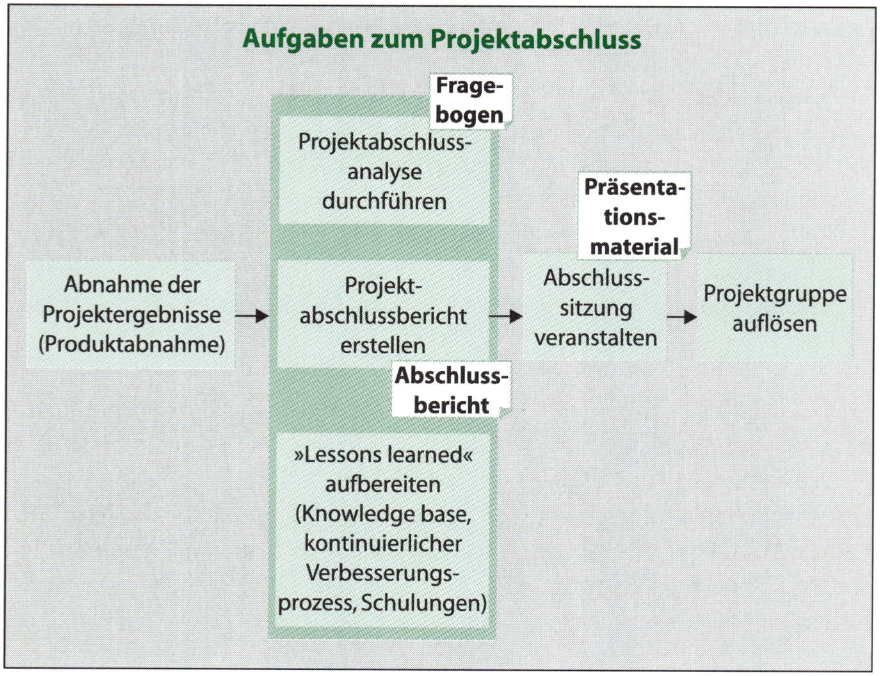

Oft wird der Projektabschluss durch die Produktabnahme eingeleitet. Darauf folgen

- eine Projektabschlussanalyse (Auswertung der Projektarbeit im Team und beim Kunden),
- die Erstellen eines Projektabschlussberichts,
- die Aufbereitung der Lessons-learned (Dokumentation der im Verlauf der Projektarbeit gesammelten Erfahrungen) zwecks Erfahrungssicherung und Erarbeitung von Konsequenzen für künftige Projekte,
- das Durchführen einer Abschlusspräsentation sowie
- die Projektauflösung (Freigabe der Mitarbeiter für andere Projekte, Rückgabe von Material).

Die Abnahme der Projektergebnisse (Produktabnahme)

Abnahme der Projektergebnisse

Die Produktabnahme findet in der Regel dann statt, wenn die im Projektauftrag festgelegten Pflichten erfüllt wurden und das Produkt fertig gestellt ist. Es erfolgt ein Abnahmetest, und die Produktübergabe wird in einem Produktabnahmebericht festgehalten. Je nach Projektart sind verschiedene Abnahmetests denkbar, die auch in Kombination eingesetzt werden können:

- **Produkttest:** Hier steht die Funktionsfähigkeit des entwickelten Produkts auf dem Prüfstand. Im Fall der Neugestaltung des Internetauftritts wird ein Testrahmen entwickelt, mit dem alle erdenklichen Situationen systematisch durchgespielt werden können.
- **Akzeptanztest:** Ein Akzeptanztest soll die Kundenzufriedenheit ermitteln. Anwender können befragt werden, inwieweit sie mit der neuen Lösung zufrieden sind, wo Schwierigkeiten auftreten und in welcher Form nachgebessert werden kann.

Für das eigentliche Abnahmeverfahren wird häufig ein spezielles **Abnahmedokument** (fachliches Abnahmeprotokoll) verwendet. Einen möglichen Aufbau für ein solches Abnahmedokument finden Sie auf Seite 132.

Falls das Projektergebnis abgenommen wird, können die weiteren Abschlussaktivitäten in Angriff genommen werden. Im Fall einer Ablehnung ist eine Nachbesserung und ein erneutes Durchlaufen der Abnahmeprozedur erforderlich.

Projektabnahmeprotokoll	
Projektbezeichnung	
Projekt-Nr.:	
Auftraggeber:	
Datum:	
Erstellt von:	
Projektbeginn:	Projektende:
Kurzbeschreibung:	
Auflistung der Ergebnisse:	
Auflistung der abgelieferten Dokumente und Datenträger (Programmdokumentationen, Bedienungsanleitungen, Gutachten und anderes):	
Projektabnahme	
Abgenommen durch (Unterschrift) am:	
Abgelehnt durch (Unterschrift) am:	
Besonderheiten:	
Grund für die Ablehnung:	
Unterschriften: Auftraggeber, Projektleiter	

Die Abschlussanalyse – Ergebnisdokumentation, Evaluierung und Konsequenzen

Durchführung einer Abschlussanalyse

Die Abschlussanalyse umfasst die Dokumentation und Bewertung der im Projekt geleisteten Arbeit. Die wichtigsten Fragen betreffen die Zielerreichung. Neben dem Produkt sollte jedoch auch der Projektverlauf evaluiert werden. Folgende Fragen sind zentral:

- Weicht das fertige Produkt von der ursprünglichen Planung ab?
- Wurde die Planung überarbeitet oder haben sich Abweichungen ungeplant ergeben? Was waren die Ursachen?
- Wurden Ergebnisse erzielt, die in der Planung nicht vorgesehen waren?
- Welche Entwicklung hat das Projektteam während des Projekts durchlaufen?
- Hat die Zusammenarbeit mit Fachabteilungen und externen Mitarbeitern funktioniert?
- Wie war die Kooperation mit dem Projektlenkungsausschuss und mit der Unternehmensführung?
- Wie wurde das Projekt im Unternehmen aufgenommen?

Diese Fragen können im Rahmen einer **Besprechung im Projektteam** erörtert werden. Ergänzend oder alternativ bietet sich die Erstellung eines **Fragebogens** an, um so ein schriftliches Feedback von den Projektmitgliedern einzuholen. Einen entsprechenden Feedbackfragebogen finden Sie auf der nächsten Seite.

Feedbackfragebogen	
Projektbezeichnung:	Projekt-Nr.:
Auftraggeber:	
Erstellt von:	Datum:
1. In welcher Funktion waren Sie im Projekt tätig?	
2. Wie zufrieden waren Sie mit der Einführung durch die Projektleitung in die Arbeiten im Projektteam? nicht zufrieden 1 2 3 4 5 6 7 8 9 sehr zufrieden	
3. Ist der Zielfindungsprozess im Projektteam zu Ihrer Zufriedenheit und in ausreichender Gründlichkeit erfolgt? überhaupt nicht 1 2 3 4 5 6 7 8 9 voll und ganz	
4. Wie beurteilen Sie die Unterstützung Ihrer Arbeit durch die Projektleitung? nicht gut 1 2 3 4 5 6 7 8 9 sehr gut	
5. Wie zufrieden waren Sie mit der Arbeitsatmosphäre in der Projektgruppe? nicht zufrieden 1 2 3 4 5 6 7 8 9 sehr zufrieden	
6. War der Informationsfluss in der Projektgruppe zu Ihrer Zufriedenheit geregelt? nicht zufrieden 1 2 3 4 5 6 7 8 9 sehr zufrieden	
7. Wie zufrieden waren Sie mit den Projektsitzungen? nicht zufrieden 1 2 3 4 5 6 7 8 9 sehr zufrieden	
8. Wie hoch schätzen Sie Ihren Beitrag zur Problemlösung im Sinne der Zieldefinition des Projekts ein? sehr gering 1 2 3 4 5 6 7 8 9 sehr hoch	
9. Wie schätzen Sie das Projekt hinsichtlich der Realisierung der Projektziele ein? vollkommen unzureichend 1 2 3 4 5 6 7 8 9 sehr erfolgreich	
10. Welche Verbesserungen sollten bei künftigen Projekten beachtet werden?	

Prüfung der Kundenzufriedenheit

Von zentralem Interesse ist natürlich auch die **Kundenzufriedenheit**. Sie kann in einem informellen Gespräch, durch einen Projektabschlussworkshop oder auf schriftlichem Weg überprüft werden. Während es bei der zuvor erläuterten Produktabnahme in erster Linie um die fachliche Abnahme geht, ist die Projektabschlussanalyse vornehmlich auf das Erreichen der Projektziele ausgerichtet. In der Kundenbefragung können folgende Fragen gestellt werden:

- Sind die inhaltlichen Projektziele (Terminziele, Kosten, Sachergebnis) erreicht worden?
- Sind alle vereinbarten Aufgaben zur Zufriedenheit erledigt?
- Wir wird die Zusammenarbeit zwischen der Projektgruppe und dem Kunden beurteilt?
- Welche Konsequenzen müssen aufgrund der Projektabschlussanalyse gezogen werden?

Schwachstellen mit Checklisten aufdecken

Hilfreich für künftige Projekte ist auch das systematische Erforschen und Aufdecken von Schwachstellen. Dazu kann folgende Checkliste dienen, mit der geprüft werden kann, welche Abweichungen es gab und welche Gründe dafür vorlagen:

Checkliste zum Aufdecken von möglichen Schwachstellen im Projekt

- Welche Terminabweichungen hat es gegeben? Was waren die Ursachen für Verzögerungen und welche Folgen hatten sie?

- Wurden die Kapazitäten der Ressourcen optimal ausgenützt? Wo lagen Schwachstellen?

Checkliste (Fortsetzung)

- Gab es Probleme, die in Leitungs- und Entscheidungsfragen begründet waren? Welche Auswirkungen ergaben sich dadurch?

- Welche Probleme gab es bezüglich der Kommunikation im Projektteam? Unterscheiden Sie hier zwischen Führungsproblemen, Kommunikationsproblemen mit der Fachabteilung, Konflikten zwischen den Teammitgliedern. Stellen Sie für die gefundenen Probleme die wesentlichen Ursachen zusammen.

- Wie hoch sind die tatsächlichen Kosten bei den einzelnen Arbeitspaketen? Welche Faktoren haben Kostenüberschreitungen verursacht?

- Ist der Auftraggeber mit dem Projektergebnis zufrieden? Wenn nein, was sind die wichtigsten Gründe für die Unzufriedenheit?

Projektnachkalkulation

Zur Abschlussanalyse sollte auch eine **Nachkalkulation** gehören. Dabei wird exakt kalkuliert, wie sich die tatsächlichen Kosten im Vergleich zu den geplanten Werten darstellen. Diese quantitative Wirtschaftlichkeitsbeurteilung beinhaltet alle Entscheidungsfaktoren, die sich in Geldeinheiten ausdrücken lassen. Dazu werden alle Ausgaben und Einnahmen nach wesentlichen Gliederungsmerkmalen getrennt ausgewiesen (beispielsweise die angefallenen Personalkosten, Materialkosten oder Beratungskosten) und im Vergleich von Ist und Soll dargestellt.

Die Nachkalkulation dient der Kontrolle der Wirtschaftlichkeitsanalyse, die zu Projektbeginn durchgeführt wurde. Sie soll Ursachen für Abweichungen aufzeigen und zukünftige Wirtschaftlichkeitsbetrachtungen verbessern, indem beispielsweise erhöhte Entwicklungskosten aufgrund von Änderungswünschen oder unvorhergesehene Preissteigerungen (bei Investitionen) ausgewiesen werden. Schließlich gilt es, die Auswirkungen zu analysieren: Können die erwarteten Einsparungen oder Umsatzsteigerungen künftig tatsächlich erreicht werden?

In Fällen, in denen die quantitative Wirtschaftlichkeit nicht überprüft werden kann oder dies nicht sinnvoll wäre (bei gesetzlichen Verpflichtungen, geschäftspolitischen Vorgaben der Organisation, Investitionen zur Aufrechterhaltung des Geschäftsbetriebes), sollte eine qualitative Wirtschaftlichkeitsbeurteilung vorgenommen und die Ausgaben dargestellt werden.

Beachten Sie: Da die Nachkalkulation oft von Externen (Revisoren oder Projektcontrollern) geprüft wird, muss die Projektleitung darauf achten, dass alle Berechnungen und Aussagen nachvollziehbar, überprüfbar und revisionsfest dokumentiert sind.

Projektabschlussbericht erstellen

Projektabschlussbericht

In Organisationen, die regelmäßig Projekte durchführen, gibt es oft Gliederungsvorgaben für Projektabschlussberichte. Die **Gliederung** eines Projektabschlussberichts kann wie folgt aussehen:

- Ausgangsdaten und Zielsetzungen des Projekts,
- Projektorganisation/Projektstrukturplan,
- Beschreibung der Leistungen,
- Ergebnisse,
- Projektkosten,
- Projektabnahme.

Projekterfahrungen sichern – »Lessons learned« aufbereiten

Erfahrungen aus der Projektarbeit sichern

In vielen Projekten erwächst aus der Zusammenarbeit verschiedener Experten an innovativen Problemlösungen wertvolles, neuartiges Wissen. Unternehmen erkennen zunehmend die Notwendigkeit, Projekterfahrungen zu sichern und so aufzubereiten, dass sie zur Akquisition und Bearbeitung weiterer Projekte genutzt werden können. Das gleiche Problem muss nicht mehrere Male gelöst und aus Fehlern kann und soll gelernt werden!

Im Rahmen einer Feedbacksitzung der Projektgruppe können erste Schritte in Richtung eines effektiven Projekt-Wissensmanagements unternommen werden. Fragen Sie sich und alle Beteiligten, was Sie aus der Projektarbeit gelernt haben. Welche Erkenntnisse könnten auch in anderen Zusammenhängen und Bereichen von Nutzen sein? Welche Erfahrungen würden Sie an andere Projektteams weitergeben? Was würden Sie anders machen, wenn Sie das Projekt erneut durchführen müssten?

Wissensmanagement bedeutet die Sammlung, Speicherung und Nutzung vorhandenen Wissens.

Bausteine des Wissensmanagements

Bausteine des Wissensmanagements

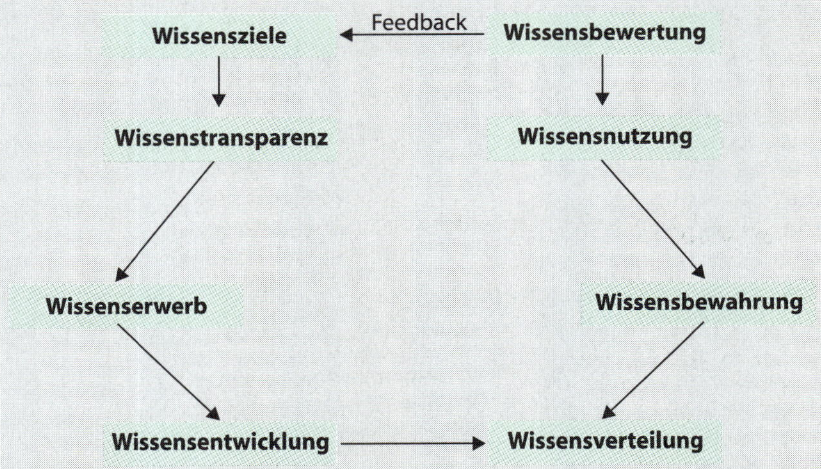

Quelle: **Wissen managen. Wie Unternehmen ihre wertvollste Ressource optimal nutzen.** von Gilbert Probst, u. a. Dr. Th. Gabler Verlag (1999)

Wie Wissensmanagement etabliert werden kann

Um Wissensmanagement bei allen Beteiligten zu etablieren, müssen zunächst einige Voraussetzungen geschaffen werden:

- Wissensmanagement fußt auf gegenseitigem Vertrauen. Dies lässt sich jedoch nicht verordnen. Durch ein zuverlässiges, aufrichtiges und berechenbares Handeln von Management, Projektleitung und eines jeden Teammitglieds wird das Vertrauen entwickelt und gefördert.
- Wissen wird vor allem durch Kommunikation entwickelt, ausgetauscht und genutzt. Welche **Wissensmärkte** könnten für Ihr Projekt nutzbringend sein (Literatur, Seminare, Internet, externe Berater, Kontakte zu anderen Fachleuten, Informationen der Fachverbände)?
- Die Aktivitäten des Wissensmanagements müssen die bisherigen Gestaltungsformen von Wissen (IT-Lösungen, Weiterbildungspolitik) einschließen. So bietet sich verstärkt die Nutzung der neuen Medien und moderner Archivierungssysteme an. Sie ermöglichen überhaupt erst eine effiziente Wissensbeschaffung, -bewahrung und -verteilung.

Beispiele für Wissensmanagement

Die folgende Liste zeigt, durch welche Komponenten des Wissensmanagements ein international tätiges Beratungsunternehmen seinen Mitarbeitern relevantes Wissen erschließt und zur Verfügung stellt.

Wissensmanagement in einem internationalen Beratungsunternehmen: Beispielinstrumente für das Projektmanagement

- Weltweit vernetzte Informationssysteme, jederzeit von jedem Berater abrufbar, enthalten zum Beispiel GlobalBest Practice.
- Verzeichnis von Methoden, Werkzeugen, Instrumenten und Hintergrundinformationen für sämtliche angebotenen Beratungsdienstleistungen.
- Systematisierte Wissensaufbereitung (nach Industrien, Themengebieten) und Zuordnung der Berater.
- Nachschlagewerk für administrative Routinetätigkeiten.
- Aufbereitung des impliziten Wissens durch Coachinggesräche.
- Intensive Kooperation mit Universitäten, Hochschulen, Marktpartnern.
- Laufende Aktualisierung der Wissensprofile der Berater.
- Intensive Aus- und Weiterbildung der Berater.
- Wissenscontrolling durch Bestimmung des Anteils des wieder verwendeten Wissens (Projektvorschläge/-entwürfe, Präsentationen, Markt-/Firmeninformationen.

Erfahrungsdaten sammeln

Beachten Sie: Grundlage der Erfahrungssicherung ist das Sammeln von Erfahrungsdaten. Diese Erfahrungsdaten fließen ein in

- betriebliche Datenbanken und Dokumentenmanagementsysteme (Knowledge base),
- Kennzahlensysteme (Prozesskennzahlen, Kostenkennzahlen),
- technische Dokumentationen und Bedienungsanleitungen (Lösungskonzepte, Entwurfsmethodiken) und
- betriebswirtschaftliche Berechnungsmodelle (Kostengrößen).

Die erfolgreiche Abschlusspräsentation

»Wissensmanagement in Organisationen steckt noch in den Kinderschuhen. Nahezu alles Wissen steckt in den Köpfen der Menschen; es gibt Listen, Karteikästen und Ähnliches, aber das gesamte Arrangement ist eher darauf angelegt, den Zugang und die allgemeine Nutzung des Wissens zu verhindern als zu fördern.«

Willke

Eine durchdachte Abschlusspräsentation ist ein wichtiger Erfolgsfaktor der Projektarbeit. Meist wird sie als ein bedeutendes Ereignis mit entsprechendem Aufwand organisiert. Planen Sie die Präsentation sorgfältig – für das Projektmarketing ist sie der wohl bedeutendste Akt. Sie sollte unbedingt genutzt werden, um einen Erfolgsbericht abzuliefern und zu zeigen, was die Gruppe im Verlauf der Projektarbeit geleistet hat.

Um erfolgreiche Präsentationen zu realisieren, bietet sich heute der Einsatz von Präsentationssoftware an. Mit einem geeigneten Computerprogramm können Folien, Unterlagen für Redner und Teilnehmer hergestellt werden. Bei der Vorbereitung der Abschlusspräsentation sollten Sie Folgendes beachten:

- Machen Sie sich das **Ziel der Präsentation** bewusst. Je nachdem, ob die Abschlusspräsentation in erster Linie umfassend informieren, der Erörterung spezifischer Fragen und der Ergebniskontrolle dienen oder vor allem ein angenehmer Projektabschluss sein soll, muss der Aufbau des Vortrags anders gestaltet werden.
- Beachten Sie die **Adressaten** der Präsentation. Möglicherweise müssen Sie die Inhalte, den Umfang und die Art der Präsentation an die anwesenden Stakeholder anpassen. Sprechen Sie ausschließlich vor Fachleuten, werden Sie mehr ins Detail gehen können als bei Teilnehmern aus der Leitungsebene einer Organisation, die sich vor allem für die Wirtschaftlichkeit der Projektergebnisse, die Produktqualität oder personalbezogene Aspekte interessieren.
- Richten Sie die **Gliederung** am Ziel der Präsentation aus. Typische Gliederungspunkte sind: Vorstellung der Projektergebnisse, Vergleich der Leistungsmerkmale der Lösung mit dem Anforderungskatalog oder Pflichten-

Tipps zur adressatengerechten Vorbereitung der Abschlusspräsentation

heft, Gegenüberstellung der geplanten und erreichten Termine, Gegenüberstellung der Plan- und Istwerte von Aufwand und Kosten, Darstellung der durchgeführten Maßnahmen zur Qualitätssicherung, Analyse von Schwierigkeiten und Planabweichungen. Vorstellung projektspezifischer Kennzahlen, Vorlage eines Personalüberleitungs- und Ressourcenverwertungsplans.
- Versuchen Sie, die Vorteile der **Visualisierung** zu nutzen, und entwickeln Sie entsprechendes Präsentationsmaterial. So können abstrakte Sachverhalte leichter verständlich dargelegt, Wesentliches hervorgehoben und eine erhöhte Aufmerksamkeit erreicht werden.
- Klären Sie im Voraus, welche Präsentationstechniken Sie einsetzen können und ob alle benötigten Geräte funktionieren.
- Entwickeln Sie geeignete Präsentationsmedien.
- Eventuell ist eine Generalprobe nützlich.

Noch ein paar Tipps zur **Durchführung:**

Tipps zur Durchführung der Projekt-Abschlusspräsentation

- Ihre Präsentation sollte einen »roten Faden« enthalten. Lassen Sie sich einen originellen Einstieg einfallen und vergessen Sie nicht, auch die Schlussworte je nach Ziel der Veranstaltung entsprechend zu wählen (Appell, Dank, Aufforderung zur Diskussion). Denken Sie daran: Der erste Eindruck ist entscheidend; der letzte bleibt.
- Tragen Sie ruhig und sachlich vor, schweifen Sie nicht vom Thema ab.
- Bleiben Sie auch bei der abschließenden Diskussion Ihrer Präsentation souverän. Verstehen Sie Einwände gegen Teile Ihres Vortrages nicht als persönlichen Angriff, sondern begegnen Sie ihnen mit überzeugenden Argumenten. Wenn Sie den Kritikern dann auch die Chance zur Relativierung geben, wird Ihre Präsentation von Respekt und Sympathie gekrönt sein.

Projektgruppe auflösen

Neben einer formellen Abschlusssitzung des Projektteams mit dem Auftraggeber und der Abschlusspräsentation sollte es auch einen angenehmen **emotionalen Projektabschluss** geben. Feiern Sie den Projekterfolg! Es ist wichtig, dass die Leistung aller Teammitglieder gewürdigt wird. Eine Abschlussfeier bietet zudem die Möglichkeit, in einer anderen Atmosphäre zusammenzukommen, sich auszutauschen und noch einmal Dinge an- oder auszusprechen, die im Zeitdruck der Projektarbeit möglicherweise fehl am Platz erschienen sind.

»Es ist nicht genug zu wissen, man muss auch anwenden, es ist nicht genug zu wollen, man muss auch tun.«

J.W. von Goethe

Ein Fazit zum Schluss

Ich hoffe, Ihnen mit diesem Buch nützliche Anregungen für Ihre Projektarbeit gegeben zu haben. Bedenken Sie: Projektmanagement verlangt Einsatz und verursacht Kosten – der Verzicht auf Projektmanagement kostet noch viel mehr und birgt die Gefahr, die angestrebten Ziele weit zu verfehlen.

Empfehlenswerte Literatur zum Thema »Projektmanagement«

Boy, J./Dudek, Ch./Kuschel, S.: Projektmanagement. Grundlagen, Methoden, Techniken, Zusammenhänge. GABAL, Offenbach 2001.

Brand, T.: Projektcontrolling. Hanser, München 2002.

DeMarco, T.: Der Termin. Ein Roman über Projektmanagement. Hanser, München 1998.

DeMarco, T.: Spielräume. Projektmanagement jenseits von Burn-out, Stress und Effizienzwahn. Hanser, München 2001.

Fiedler, R.: Controlling von Projekten. Projektplanung, Projektsteuerung und Risikomanagement von Projekten. Vieweg, Braunschweig/Wiesbaden 2001.

Grupp, B.: Qualifizierung zum Projektleiter. DV-Projektmanagement im Wandel. IDG, München ^{4}1998.

Herzog, D./Reinke, H.: Jedes Projekt gelingt. Projekte planen und umsetzen mit MindMaps. Hanser, München 2002.

Kellner, H.: Projekte konfliktfrei führen. Hanser, München 1996.

Keßler, H./Winkelhofer, G.: Projektmanagement mit System. Organisation, Methoden, Steuerung. Gabler, Wiesbaden 1998.

Litke, H.-D.: DV-Projektmanagement. Zeit und Kosten richtig einschätzen. Hanser, München 1996.

Litke, H.-D./Kunow, I.: Projektmanagement. Einfach. Praktisch. Haufe, Freiburg 2001.

Page-Jones, M.: Praktisches DV-Projektmangement. Grundlagen und Strategien. Hanser, München 1991.

Reimann, M./Tiemeyer, E.: Project 2000, Computerpraxis Schritt für Schritt. Europa-Lehrmittel, Haan 2001.

Schelle, H.: Projekte zum Erfolg führen. Projektmanagement systematisch und kompakt. Beck-Wirtschaftsberater im dtv, München 1999.

Scheurer, B. M.: Intelligentes Projektmanagement. Planen, Wagen, Gewinnen. DVA Stuttgart 2002.

Oltman, I.: Projektmanagement. Rowohlt, Reinbeck 1999.

Peters, T.: Top 50-Projektmanagement. Machen Sie aus jeder Aufgabe ein Erlebnis. Econ, München 2001.

Tiemeyer, E.: MS-Project. Projekte erfolgreich planen und managen. Rowohlt, Reinbeck 1999.

Tumuscheit, K. D.: Überleben im Projekt. 10 Projektfallen und wie man sie umgeht. Moderne Verlagsgesellschaft, Landsberg am Lech 2001

Tumuscheit, K. D.: Immer Ärger im Projekt. Wie Sie die Projektkiller austricksen. Orell Füssli, Zürich 2001.